Combatiendo el Bon Combat – Como Luchar contra el Terrorismo con una Missión de Paz

Rogerio Cietto

Published by Rogerio Cietto, 2020.

Combatiendo el Bon Combat – Como Luchar contra el Terrorismo con una Missión de Paz

ÍNDICE

RESUMO

Este documento analiza el nuevo desafío que el terrorismo impone a la comunidad internacional en el siglo XXI, los actores internacionales en condiciones de enfrentarlo, los instrumentos disponibles para enfrentarlo y los métodos para implementar estos instrumentos. Después de una breve descripción de las tres generaciones de operaciones de paz llevadas a cabo por las Naciones Unidas y otros actores internacionales y regionales, se expone el marco legal para las relaciones internacionales relacionadas con el uso de la fuerza, es decir, el derecho internacional humanitario y los derechos humanos. Luego, explicamos la amenaza a la paz y la seguridad internacionales que constituye el terrorismo, sus formas, métodos y motivaciones, así como su relación con las operaciones de paz. Posteriormente, asumimos que el terrorismo debe ser considerado un crimen bajo el derecho internacional, para castigar efectivamente a sus actores. Después de una breve presentación del sistema de la ONU y sus organismos relacionados con las operaciones de paz y terrorismo, discutimos los esfuerzos realizados hasta ahora para combatir el terror, especialmente la recopilación de inteligencia. Para concluir, reafirmamos la necesidad de respetar el derecho internacional humanitario y los derechos humanos, y también de defender la soberanía del estado, para combatir el terrorismo a largo plazo. Esta investigación se basa en una gran investigación basada en una extensa bibliografía.

Palabras Clave: Operaciones de Paz de la ONU. Terrorismo. Derechos Humanos. Derecho Internacional Humanitário.

ABSTRACT

This work discusses the new challenge that terrorism imposes on the international community in the Twenty First century, the international actors in position to tackle it, the instruments available to counter them, and the methods to implement those instruments. After a brief description of the three generations of peace operations carried out by the United Nations and other international and regional actors, we will expose the legal framework for international relations concerning the use of force, i. e., International Humanitarian Law and Human Rights Law. Later, we will explain the threat to international peace and security that constitutes terrorism, its forms, methods and motivations, as well as its relations to peacekeeping. Afterwards, we will assume that terrorism should be considered a crime under international law, in order to punish their actors effectively. After a brief presentation of the UN System, and its organs related to peacekeeping and terrorism, we will discuss the efforts made so far to combat terror, especially the gathering of intelligence. To conclude, we will re-affirm the need to respect International Humanitarian Law and Human Rights, and also defend State Sovereignty, to fight terrorism on the long term. This research is based on a broad research relying on an extended bibliography.

Keywords: UN Peace Operations. Terrorism. Human Rights. International Humanitarian Law.

RÉSUMÉ

Ce travail présente le nouveau défi que le terrorisme impose à la communauté internationale au XXIème siècle ainsi que les acteurs internationaux en mesure d'y faire face, les instruments disponibles pour les contrer, et les méthodes pour les mettre en œuvre. Après une brève description des trois générations des opérations de paix menées par les Nations Unies et par autres acteurs internationaux et régionaux, nous exposerons le cadre juridique pour les relations internationales concernant l'usage de la force, que sont le Droit international humanitaire et les Droits de l'homme. Plus tard, nous présenterons la menace à la paix et la sécurité internationales que représente le terrorisme, ses formes, méthodes et motivations, ainsi que ses relations avec les opérations de paix. Par après, nous exposerons notre vision, à savoir que le terrorisme doit être considéré comme un crime de droit international, dans le but de punir ses acteurs de manière efficace. Après une présentation du système des Nations Unies, et ses organes dédiés à la paix et au terrorisme, nous discuterons des efforts déployés jusqu'ici pour lutter contre la terreur, en particulier les efforts liés à la collecte d'intelligence. Pour finaliser, nous réaffirmerons la nécessité de respecter le Droit international humanitaire et les Droits de l'homme, et aussi défendre la souveraineté de l'État, pour combattre le terrorisme sur le long terme. Notre recherche repose sur une bibliographie et une documentation exhaustive.

Mot-clés: Opérations de Paix de l'ONU. Terrorisme. Droits de l'Homme. Droit international humanitaire.

DEDICACIÓN

Este estudio se le ofreció primero a Dios, quien nos permitió alcanzar nuestras metas y cuidar cada detalle. Mi sincero agradecimiento a mi familia, Camila, Maísa y Alessa, por todas las veces que necesito estar ausente, debido a reuniones e incontables días frente a libros y computadoras, y también con el apoyo del periódico y los jueces, eso proporcionará condiciones válidas para una evaluación de este trabajo.

Mi sincero agradecimiento al Sr. Yvan Connoir, de Chaire Raoul Dandurand de la Universidad de Quebec a Montreal (UQAM) y del Instituto de Capacitación en Operaciones de Paz (POTI), por la orientación y el consuelo compartidos por este trabajo.

Agradezco a Cel Nolasco, Cel Lamim y Cel Napolis, del Batallón brasileño en Haití, por todo el apoyo o la experiencia compartida.

"El derecho de la guerra, por lo tanto, se deriva de la necesidad y la estricta justicia. Si aquellos que dirigen la conciencia, o el consejo de príncipes, no se someten a esta máxima, la consecuencia es nefasta: cuando proceden por principios arbitrarios de gloria, conveniencia y utilidad, torrentes de sangre se extenderán por toda la tierra." Charles de Secondat, Barón de Montesquieu, The Spirit of the Laws. Université de Nice, 2010.

TABLA DE ABREVIATURAS

AC *Ante Christum*

CEL Coronel

COTIPSO Certificate of Training in Peace Support Operations

CT Contra Terrorismo

CTC Counter Terrorism Committee

CTED Counter Terrorism Executive Directorate

DPKO Department of Peacekeeping Operations

DDA Department for Disarmament Affairs

DPA Department of Political Affairs

ECOSOC Consejo Económico y Social (Economic and Social Council)

ECOWAS Economic Community of West African States

FBI Federal Bureau of Investigation

FCE *Forces Conventionnelles en Europe*

GA Assembléia Geral (General Assembly)

ICC International Criminal Court

ICCPR International Covenant on Civil and Political Rights

ICJ International Court of Justice

ICTR International Criminal Tribunal for Rwanda

ICTY International Criminal Tribunal for the former Yugoslavia

IHL (DIH) Derecho Internacional Humanitário (International Humanitarian Law)

ISAF International Security Assistance Force

LoAC Derecho de los Conflictos Armados (Law of Armed Conflict)

MBA Master of Business Administration

MO Observadores Militares (Military Observers)

MINUSTAH *Mission des Nations Unies pour la Stabilisation en Haïti*

NSA Agência de Segurança Nacional (National Security Agency)

OAS Organização dos Estados Americanos (Organization of American States)

OCHA Office for the Coordination of Humanitarian Affairs

ODCCP Office for Drug Control and Crime Prevention

ONUC Opération des Nations Unies au Congo

ONUCA *Observadores de las Naciones Unidas en Centromerica*

Res Resolução

ROE Regras de Engajamento (Rules of Engagement)

SALT Strategic Arms Limitation Talks

SC Conselho de Segurança (Security Council)

SG Secretário-Geral (Secretary General)

START Strategic Arms Reduction Treaty

TC Conselho de Tutela (Trusteeship Council)

TCC Países Contribuintes de Tropas (Troop Contributing Countries)

TSP Terrorist Surveillance Program

UN Nacioes Unidas (United Nations)

UNAVEM United Nations Verification Mission in Angola

UNIFIL United Nations Interim Force in Lebanon

UNIIMOG United Nations Iran-Iraq Military Observer Group

UNGOMAP United Nations Good Offices Mission in Afghanistan and Pakistan

UNMIK United Nations Mission in Kosovo

UNMIL United Nations Mission in Liberia

UNTAET United Nations Transitional Administration in East Timor

UNTSO United Nations Truce Supervision Organization in Palestine

USA Estados Unidos da América (United States of America)

USSR Unión de las Repúblicas Socialistas Soviéticas (Union of Soviet Socialist Republics)

1. INTRODUCCIÓN

Durante el período en el que se estaba escribiendo este trabajo, la Guerra contra el Terrorismo (Declarada por George W. Bush el 12 de septiembre de 2001, 10:53 am hora de Washington, <news.bbc.co.uk>) llevada a cabo por algunos países occidentales hizo público lo que llamaron un gran éxito en esta misión: la muerte de Osama bin Laden en Pakistán, líder de la organización llamada Al Qa'ida, y el desmantelamiento de su organización. Otras facciones apoyadas por Al Qaeda, como los talibanes en Afganistán, también se consideran debilitadas y desmoralizadas.

Parece contradictorio que, tras este supuesto éxito de la Guerra contra el Terrorismo, iniciada tras los ataques del 11 de septiembre de 2001, la paz y la seguridad internacionales sigan amenazadas por actos de represalia de grupos terroristas. Quizás esta misión en Pakistán ha proporcionado lo que más necesitan los terroristas: un mártir a quien admirar e ideales que, aunque corruptos, todavía motivan a muchos a morir y matar.

Además, las denuncias de violaciones de derechos humanos por parte de detenidos acusados o sospechosos de estar involucrados en terrorismo pueden alimentar el odio que los terroristas necesitan para reclutar nuevos miembros para su causa. Para aquellos que solo conocen la pobreza y el sufrimiento durante toda su vida, creer en un mundo fantástico es fácil, y todo lo que un nuevo recluta debe hacer para cumplir su misión es creer que el terror es la única forma en que puede cambiar su condición miserable.

El terrorismo actúa introyectando miedo e inseguridad en una población, y como resultado el gobierno pierde credibilidad y legitimidad, porque sus ciudadanos esperan cierto nivel de seguridad del estado en el que viven. Sin embargo, si el propio gobierno actúa de forma agresiva contra su población, con el fin de combatir a criminales o terroristas, el gobierno pierde su credibilidad de la misma forma. En ambos casos, los terroristas obtienen cierta deferencia de la población.

El propósito de este estudio es presentar una solución alternativa a la lucha contra el terrorismo, ya que la Guerra contra el Terrorismo, a pesar de sus éxitos, necesita ser reconfigurada para eliminar las causas que hacen surgir a un terrorista. Al prevenir las causas profundas del terror, los ideales y creencias del terrorismo se debilitan.

Para mostrar cómo se puede combatir el terror a largo plazo y ser expulsado de una población específica (minorías en un país inestable, por ejemplo), es necesario comprender algunos temas importantes:

- ¿Quién tiene la autoridad para combatir el terrorismo?

- ¿Cuáles son las causas que permiten que se inicie el terrorismo?

- ¿Qué esfuerzos se han realizado para combatir el terrorismo?

- ¿Qué es el terrorismo, cuáles son los objetivos y las motivaciones de los terroristas?

- ¿Cuáles son las reglas y leyes que regulan esa situación?

El terrorismo internacional, como cualquier amenaza a la paz y la seguridad internacionales, está dentro de la jurisdicción del Consejo de Seguridad de las Naciones Unidas, que es responsable de autorizar, o no, medidas contra países o gobiernos renegados que fomenten o apoyen actividades terroristas, incluido el uso de la fuerza, es decir, actividades militares, embargos económicos, embargos de armas, entre otros.

A los efectos de este estudio, presentaremos los diferentes tipos de operaciones de paz realizadas por las Naciones Unidas, por tres motivos, que muestran la relación entre los terroristas, por un lado, y los Cascos Azules, por otro:

- Es más probable que el terrorismo surja y se mantenga en países inestables con una soberanía débil, porque los grupos pueden continuar sus actividades sin represión local;

Ejemplo: Los campos de entrenamiento de Al-Qa'ida fueron posibles en Afganistán porque el gobierno nacional no pudo detectar e impedir sus actividades.

- Los gobiernos que no respetan o no se preocupan por los derechos humanos de su pueblo también crean un buen campo para reclutar nuevos miembros para una causa terrorista;

Ejemplo: la intolerancia étnica y religiosa y el odio entre tutsis y hutus en Ruanda resultaron en actos terroristas en los que mujeres y niños fueron asesinados o mutilados (niños a quienes se les cortó las manos con machetes para causar miedo en el grupo étnico).

- Cuando el gobierno arbitrariamente usa la fuerza para mantener su poder ante la población, algunos ciudadanos pueden unirse a las fuerzas rebeldes para protestar, y esto ayuda a los terroristas.

Ejemplo: la forma enérgica en que la policía política haitiana (*Les Tonton Macoutes*) trató a la población durante el gobierno de Jean-Claude Duvalier (*Bébé Doc*) puede hacer que los haitianos se opongan al gobierno y brinden apoyo a las pandillas locales que luchan contra el gobierno (este apoyo suele ser indirecto, con comida, combustible y escondite de las autoridades).

Los países con este tipo de problemas, en el pasado y en la actualidad, están dentro de la competencia del Consejo de Seguridad de las Naciones Unidas cuando se convierten en una amenaza o una ofensa a la paz y la seguridad internacionales, y algunos de ellos han poseído, o aún tienen, una Operación de Paz empleados en su territorio. Dado que están acostumbrados a este tipo de operaciones y están capacitados para hacer frente a esta situación, los cascos azules pueden ser una solución alternativa contra la amenaza del terrorismo, si estivieren debidamente autorizados y empleados.

En este estudio presentaremos la evolución de las operaciones de paz implementadas por Naciones Unidas, los principios y líneas de acción que orientan sus actividades, sus orígenes durante la Guerra Fría, su cambio de rol y responsabilidad tras el fin de la Guerra Fría, la reformulación de su metas después de un período de reducción, y sus mayores éxitos y fracasos.

Posteriormente, expondremos los principales instrumentos legales que pueden ser de aplicación en las relaciones internacionales entre Estados y personas, entendidas en las normas del Derecho Internacional Humanitario, en las que sus obligaciones deben ser respetadas por todos los actores involucrados, gobiernos, militares, otros involucrados y Personal de la ONU.

Lo qué es el terrorismo, cómo lo utilizan los individuos y los gobiernos en diferentes partes del mundo y a lo largo de la historia, y por qué, los objetivos primarios / secundarios de los actos terroristas y dónde / cómo es más probable que surja el terrorismo, es explicado a continuación.

Entonces, vamos a introducir la polémica discusión sobre la definición legal y competencia jurisdiccional para examinar las denuncias de terrorismo y enjuiciar a sus autores, una definición de alta importancia para la represión de este tipo de delitos y la necesidad de no evadir el debido proceso legal (*rule of law*) al adoptar medidas coercitivas.

Pueden surgir conflictos de jurisdicción cuando dos o más jurisdicciones creen que son el único organismo responsable de iniciar procesos penales contra terroristas. Estos conflictos pueden ocurrir entre estados o entre un estado y un tribunal internacional. A continuación se presenta la doctrina legal para resolver este impasse.

Para una mejor comprensión del sistema de la ONU, revisaremos la Carta de la ONU, sus objetivos, sus principales órganos y tareas, especialmente la Secretaría y el Consejo de Seguridad, sus roles y capacidades para lidiar con una operación de paz y recibir un informe. sobre actos de terrorismo, para poder responder adecuadamente.

Se realiza un breve estudio de las principales Resoluciones del Consejo de Seguridad, Res 1373 (2001), 1456 (2003) y 1566 (2004), para mostrar los principales esfuerzos y consecuencias de los lineamientos diseñados para enfrentar la amenaza terrorista.

Finalmente, dos temas merecen atención con respecto a la Guerra contra el Terror:

- ¿Son los instrumentos del derecho internacional humanitario y los derechos humanos adecuados para afrontar los nuevos retos que presenta el terrorismo? ¿Es el DIH un retroceso en la lucha contra el terrorismo o la solución para combatirlo adecuadamente?

- ¿Se infringe la soberanía de un estado cuando otro estado, o una coalición de estados, o la comunidad internacional, toma medidas dentro de su territorio contra grupos terroristas? ¿Es posible que esta acción afecte la soberanía de ese Estado, o lo proteja de los actores locales?

Es necesaria una respuesta adecuada a todas estas preguntas si la comunidad internacional quiere instituir soluciones a largo plazo a las amenazas a la paz y la seguridad internacionales. Ciertamente este estudio no puede brindar todas las soluciones, pero nuestro objetivo es aportar nuevas ideas, métodos y procedimientos en un intento de resolver un problema que se sabe que existe a lo largo de la historia y que está lejos de terminar.

Es necesaria una respuesta adecuada a todas estas preguntas si la comunidad internacional quiere instituir soluciones a largo plazo a las amenazas a la paz y la seguridad internacionales. Ciertamente este estudio no puede brindar todas las soluciones, pero nuestro objetivo es aportar nuevas ideas, métodos y procedimientos en un intento de resolver un problema que se sabe que existe a lo largo de la historia y que está lejos de terminar.

El título de este estudio se inspiró en la Carta de San Paulo a Timóteo, 4: 7 ("*Combati el buen combate. Terminé la carrera. Mantuve la fe*"). Dado que la traducción de la Biblia tiene algunas diferencias en cada idioma, la expresión "*combater el buen combate*" se usa en lugar de "*pelear la buena batalla*", porque la versión de la Biblia en portugués usa el verbo "combater", y este verbo está más relacionado con los conflictos armados.

2. HISTÓRICO DE LAS OPERACIONES DE PAZ

Antes de la Carta de la ONU, se hicieron algunos esfuerzos para evitar que surgiera un conflicto, principalmente por parte de actores locales. Algunos ejemplos son la Liga de Delos en la antigua Grecia del siglo X a.C., la *Pax Dei* (Paz de Dios) y la *Treuga Dei* (Tregua de Dios), de la Iglesia católica medieval, prohibiendo todo tipo de hostilidades en determinadas ocasiones (desde el primer domingo de Adviento). a la Epifanía, o desde el miércoles por la tarde hasta el domingo por la mañana, en reconocimiento a la resurrección de Jesucristo) y en lugares religiosos.

Luego, en 1623, Emeric Crucé ofreció una opción para la prevención de conflictos. Su idea era que todos los líderes estatales, dentro de Europa o no, deberían formar una alianza para resolver disputas internacionales a través de la mediación en un consejo mundial con sede en un lugar neutral. Esta idea fue seguida por otros acuerdos orientados a la paz como el Acuerdo de Paz de Westfalia (1648), Utretch (1713) y París (1763).

El primer sistema que intentó abordar de manera integral la prevención de conflictos fue la Sociedad de Naciones, creada después de la Primera Guerra Mundial, con la misión de regular el uso de la fuerza en las disputas entre estados, utilizando la diplomacia colectiva y la imposición de la paz. Desafortunadamente, no fue capable evitar la Segunda Guerra Mundial, por lo que las Naciones Unidas se crearon en 1945, no para regular la guerra, sino para prevenir los conflictos armados, *ipsis litteris, "para evitar que las generaciones futuras sufran el flagelo de la guerra".* (Preámbulo de la Carta de la ONU).

De acuerdo con la Carta de la ONU (Art. 1), la guerra no es un medio lícito para resolver conflictos y cualquier disputa debe resolverse por medios pacíficos, de acuerdo con los principios del derecho internacional. El uso de la fuerza es prerrogativa del Consejo de Seguridad (Capítulo VII), contra actos que amenacen la paz y la seguridad internacionales, y solo cuando otras medidas resultan ineficaces, como la interrupción de relaciones diplomáticas o un embargo económico. El uso de la fuerza también es posible en casos de legítima defensa, contra agresión armada (Art. 51).

No hay ninguna disposición legal para las Operaciones de Paz en la Carta de la ONU. El Consejo de Seguridad podrá decidir que existe una violación de la paz y la seguridad internacionales y, utilizando los poderes del Capítulo VI (Resolución pacífica de controversias) y el Capítulo VII (Actos que amenacen la paz, perturbación de la paz y actos de agresión) de Carta, emite una Resolución con un mandato específico, utilizando fuerzas militares con el objetivo de preservar la paz entre las partes beligerantes.

Debido al desacuerdo entre las dos superpotencias del Consejo de Seguridad (EE.UU. y URSS durante la Guerra Fría), se crearon Operaciones de Paz como solución a la resolución de conflictos, un recurso de otros medios para preservar la paz y la estabilidad. Comenzaron como observadores militares de alto el fuego entre estados, y luego incluyeron tropas de diferentes países, y el uso de la fuerza era legal solo en defensa propia. En última instancia, las operaciones de mantenimiento de la paz han incluido esfuerzos para reconstruir las instituciones políticas y el estado de derecho (*Rule of Law*) de un país.

Las operaciones de mantenimiento de la paz no son exclusivas del sistema de la ONU, aunque la mayoría de los soldados empleados en la actualidad usan el Casco Azul y la insignia de la ONU en sus uniformes. Las organizaciones regionales, basadas en el Capítulo VIII de la Carta y autorizadas por el Consejo de Seguridad, pueden utilizar tropas para prevenir amenazas y atentados a la paz y la seguridad. Por ejemplo, podemos recordar la Fuerza Interamericana de Paz, creada en 1965 por la Organización de Estados Americanos (OEA) y empleada en República Dominicana para evitar que la violencia aumente debido a la inestabilidad política tras el asesinato del dictador Rafael Trujillo en 1961.

Las Operaciones de Paz de la historia de la ONU se pueden distinguir en tres períodos diferentes: durante la Guerra Fría (1948 a 1987), después de la Guerra Fría (1988 a 1996) y el resurgimiento de las Operaciones de Paz (1996 hasta hoy).

2.1. OPERACIONES DE PAZ A LO LARGO DE LA GUERRA FRIA

Los observadores militares se utilizaron por primera vez en 1947, durante las hostilidades en Indonesia, para supervisar un alto el fuego firmado entre el ejército real holandés y el gobierno indonesio, y ayudar en la repatriación de las fuerzas holandesas. Se utilizaron los poderes del Capítulo VI de la Carta, principalmente la diplomacia.

El Consejo de Seguridad tomó una decisión contra la ruptura de la paz durante la Crisis de Corea en 1950. Sin embargo, no fue una Operación de Paz, porque las fuerzas no estaban bajo la dirección del Secretario General o del Consejo de Seguridad.

La primera Operación de Paz se creó para afrontar la crisis árabe-israelí, en 1948, tras la creación del Estado de Israel. La Organización de las Naciones Unidas para la Supervisión de la Tregua en Palestina (UNTSO), que todavía funciona hoy, tiene la misión de monitorear si las facciones en guerra observan una tregua. No se mencionó el nombre de mantenimiento de la paz, pero fue la primera vez que se emplearon observadores militares después de un conflicto.

Entre los principios que guían la organización y el funcionamiento del UNTSO, Ralph Bunche definió los principios de imparcialidad y consentimiento. También decidió que los observadores militares no deberían portar ningún tipo de armamento, para evitar el enfrentamiento de cualquier grupo contra ellos.

La controversia sobre la nacionalidad de los observadores militares se resolvió solicitando personal de todos los miembros del UNTSO. Permanecieron vinculados a sus respectivos ejércitos por motivos administrativos, pero recibieron órdenes de las autoridades de la ONU y recibieron su pago nacional más una bonificación de la ONU. Llevaban un brazalete de la ONU sobre sus uniformes nacionales.

Con la ayuda de mediadores de UNTSO, Israel firmó armisticios con cuatro estados árabes (Egipto, Jordania, Líbano y Siria). El Consejo de Seguridad otorgó autonomía al UNTSO y lo puso dentro de la autoridad del Secretario General, convirtiéndola en la primera operación de mantenimiento de la paz en la historia de la ONU.

Se espera que los estados anfitriones (que reciben tropas de la ONU en su territorio) tengan un alto grado de cooperación con el personal de la ONU y garanticen la seguridad de las tropas de la ONU, de acuerdo con la Convención de las Naciones Unidas sobre Privilegios e Inmunidades.

El personal de mantenimiento de la paz tiene la competencia para ocuparse de las quejas deincumplimiento de alto el fuego de civiles locales o de grupos separados. Monitorear un alto el fuego significa denunciar cualquier acto que pueda interpretarse como hostil hacia una de las partes, como por ejemplo:
- Presencia de tropas o equipos en áreas desmilitarizadas;
- Presencia de áreas defensivas en áreas desmilitarizadas;
- Dispara a través de una línea de demarcación entre las partes;
- Sobrevuelos en espacio aéreo prohibido;
- Cruce no autorizado de la línea de demarcación.

Otras Misiones de Observadores de la ONU fueron empleadas en la frontera entre India y Pakistán en 1949 y también en 1969, Líbano en 1958, Yemen en 1963 y República Dominicana en 1965. Todas ellas tenían tareas bien definidas, como monitorear una zona fronteriza, supervisar el regreso. de tropas de un alto el fuego o un armisticio, y generalmente con una duración limitada.

2.2. OPERACIONES DE PAZ EN SEGUIDA A LA GUERRA FRIA

La rivalidad entre las dos superpotencias comenzó a disminuir tras la retirada de las tropas soviéticas de Afganistán y las consecuencias de la carrera armamentista con Estados Unidos en la economía rusa. La nueva política implementada por Mikhail Gorbatchev, llamada *Glasnost* (apertura política) y *Perestroika* (reestructuración económica) alivió las tensiones internacionales, y las relaciones entre la Unión Soviética, luego Rusia, y los Estados Unidos pasaron de la competencia a la cooperación.

Después de la Guerra Fría, se emplearon nuevas misiones de mantenimiento de la paz, con el apoyo de las dos superpotencias, y pudieron cumplir con sus misiones:

- Misión de Buenos Oficios de la ONU en Afganistán y Pakistán (UNGOMAP) en 1988, para supervisar la retirada de las tropas soviéticas y recibir denuncias sobre violaciones del alto el fuego;

- Grupo de Observadores Militares de la ONU en Irán-Irak (UNIIMOG) en 1987, para establecer y monitorear líneas de alto el fuego y supervisar la retirada de tropas;

- Misión de Verificación de la ONU en Angola (UNAVEM) en 1988, para monitorear la retirada de las fuerzas cubanas de Angola y supervisar el proceso de paz llevado a cabo por las partes en conflicto;

- Grupo de Observadores Militares de la ONU en Centroamérica, Costa Rica, El Salvador, Guatemala, Honduras y Nicaragua (ONUCA) en 1989, cuya compleja misión era observar el cumplimiento de los gobiernos para dejar de apoyar a las fuerzas irregulares y movimientos insurreccionales (incluido el uso de instalaciones de transmisión de radio y televisión con fines militares) y no atacar a un Estado a través del territorio de otro Estado;

- Grupo de Asistencia para la Transición de la ONU en Namibia, para supervisar el alto el fuego con Sudáfrica, monitorear la retirada de las tropas sudafricanas, así como los movimientos rebeldes.

Otras misiones durante el período 1988-1996 se consideraron infructuosas (RAM, Sunil. La historia de las operaciones de mantenimiento de la paz de las Naciones Unidas después de la Guerra Fría, pág. 219) debido a:

- Pasividad en Bosnia, debido a la falta de compromiso para reestructurar la policía local, el sistema judicial y el mantenimiento del orden público;

- Falta de eficiencia en Haití, porque la UNMIH no ha podido capacitar a la Policía Nacional de Haití y promover la reconciliación nacional y la rehabilitación económica;

- Insensibilidad en Ruanda, porque no pudo reaccionar a tiempo para prevenir el genocidio;

- Excesiva agresividad y falta de compromiso en Somalia, porque las milicias y bandidos armados robaron organismos internacionales de ayuda humanitaria.

Otras razones del fracaso de algunas misiones de mantenimiento de la paz son el cambio en la naturaleza del conflicto, de conflictos interestatales caracterizados por la disputa entre las dos superpotencias y sus aliados, a conflictos intraestatales, con muchas facciones armadas locales, fuerzas irregulares y milicias. , que respetan el alto el fuego sólo cuando les dan una ventaja militar.

Después de algunos contratiempos, el Secretario General Boutros Boutros-Ghali completó su suplemento de Un programa de paz (idem, pág. 180) en enero de 1995, reiterando la necesidad de un estricto apego a los principios de consentimiento, imparcialidad y uso mínimo de la fuerza, y advirtió del peligro de distorsionar la distinción entre mantenimiento de la paz y aplicación de la paz. Este último debe delegarse en un poder u organización regional.

Además, los principios básicos del mantenimiento de la paz se han interpretado para que se utilicen de una manera más pragmática:

- El consentimiento debe otorgarse a nivel estratégico (por la autoridad estatal) y no a nivel táctico (por la población);

- La imparcialidad (no participar en un conflicto) es diferente de la neutralidad (no interferir en los asuntos internos de un país);

- La ONU debe estar preparada para defender a los civiles, incluso si el mandato no es explícito sobre este poder, ya que dicha misión está dirigida a la presencia de tropas de la ONU.

2.3. RESURGIMENTO DE LAS OPERACIONES DE PAZ

Los fracasos de algunas operaciones de mantenimiento de la paz durante el período 1988-1996 llevaron a cambios importantes en el tamaño, alcance y complejidad de este tipo de instrumento de la ONU. Se han incluido objetivos multidimensionales, por lo que los Cascos Azules deben tener habilidades en derechos humanos, policía civil, asistencia electoral, ayuda a refugiados y habilidades para la construcción de naciones (*nation-building*). Aún se necesitan habilidades militares básicas, pero ya no son suficientes.

Las misiones de aliviar el sufrimiento humano y crear instituciones para construir una paz autosuficiente son las mismas. Pero la metodología ha cambiado. Estas misiones multidimensionales de mantenimiento de la paz constan de un componente militar, que utiliza armas, y un componente civil, para actividades de consolidación nacional. Los objetivos básicos de estas nuevas operaciones de paz son:

- Prevenir un conflicto antes de que comience o evitar que cruce las fronteras de un país;

- Supervisar un alto el fuego y estabilizar una situación de conflicto, a fin de crear las condiciones para un acuerdo de paz duradero;

- Ayudar en la implementación de acuerdos de paz integrales;

- Ayudar a los Estados en la transición de un gobierno basado en la democracia, el buen gobierno y el desarrollo económico.

El resurgimiento comenzó después del Informe Brahimi (RAM, Sunil. La historia de las operaciones de mantenimiento de la paz de las Naciones Unidas desde la reducción hasta el resurgimiento, pág. 131), en agosto de 2000. Recomendó la reestructuración del Departamento de Operaciones de Mantenimiento de la Paz (DPKO), una unidad analítica, para ayudar a obtener una mejor información sobre la paz y la seguridad, para todos los departamentos de la ONU, y una fuerza laboral integrada en Nueva York para planificar y apoyar una operación de paz desde su inicio.

El Informe Brahimi también enumeró algunas condiciones para una operación de paz exitosa:

- Crear estrategias para prevenir conflictos;
- Tener un mandato claro y específico;
- Reglas de enfrentamiento adecuadas a la situación;
- Las partes en conflicto aceptan la operación;
- Recursos humanos adecuados, así como equipamiento y apoyo financiero;
- Cuando a la ONU se le otorgan poderes ejecutivos temporales, un código penal provisional;
- Las operaciones comunes de mantenimiento de la paz deben emplearse en un plazo de 30 días;
- Para operaciones complejas, el empleo debe ocurrir dentro de los 90 días.

Como resultado del Informe Brahimi, el Departamento de Operaciones de Mantenimiento de la Paz tiene un centro de actividades desde 2006, que funciona las 24 horas del día, los 7 días de la semana, y se ha creado y poblado una división militar. Además, el DPKO ha recibido asistencia con más asesores militares y policiales, y la sede de la ONU tiene más personal para apoyar las operaciones de mantenimiento de la paz.

En un estado inestable, la reconstrucción de las capacidades locales lleva tiempo. Sin embargo, los estados miembros quieren soluciones rápidas y los países que aportan tropas (TCC) quieren que sus tropas vuelvan a casa lo antes posible. Esta es la dicotomía a la que se enfrentan hoy las Operaciones de Paz.

En la década de 1990, las tropas de la ONU se desplegaron principalmente desde países desarrollados. Sin embargo, después del 11 de septiembre de 2001, muchos países que aportaron tropas transfirieron sus recursos (humanos, equipo y fondos) a la Guerra contra el Terrorismo. Por tanto, los países industrializados han dado espacio a las naciones en desarrollo para que compartan una mayor contribución a la paz y la seguridad internacionales.

Más que un problema, esta responsabilidad aportó más combustible a las operaciones de mantenimiento de la paz, en términos de capacidad financiera y credibilidad de la misión, de la siguiente manera:

- El tipo de cambio para los países en desarrollo es favorable para los pagos de la ONU. Dado que la ONU paga en dólares estadounidenses, la TCC ve el dinero multiplicado cuando se convierte a su moneda local. La ONU paga lo mismo, pero el país tiene más fondos disponibles.

- A veces se acusa a los países desarrollados de imperialismo y de interferir en los asuntos internos de otros países para su beneficio. Por tanto, la población puede percibir a las tropas de la ONU como invasoras. Por otro lado, los países en desarrollo tienen, o han tenido en su historia reciente, los mismos problemas institucionales que padece la población del país anfitrión. Esto genera una empatía natural entre las tropas de la ONU y la población involucrada porque el soldado de la ONU, en este caso, ya ha visto este lamentable escenario en su país natal, y sabe cómo afrontarlo.

En resumen, las operaciones de mantenimiento de la paz se crearon para hacer frente a las tensiones entre estados y también se han utilizado con éxito en conflictos internos dentro de estados inestables, en un esfuerzo por mediar en una solución, implementar el diálogo entre las partes en conflicto y proteger a la población civil. . Estas experiencias de campo están íntimamente ligadas al esfuerzo antiterrorista estudiado en este trabajo y serán retomadas más adelante.

3. DERECHO INTERNACIONAL HUMANITARIO Y DERECHOS HUMANOS

El marco legal internacional en el que funcionan las Operaciones de Mantenimiento de la Paz, especialmente el derecho internacional humanitario, necesita un estudio cuidadoso con el punto de apoyo para comprender los desafíos modernos que el terrorismo y la guerra contra el terrorismo le imponen.

Cada civilización creó "células de la humanidad", formando un conjunto de reglas para limitar el uso de la violencia y también fomentar la solidaridad con las víctimas de un conflicto. A menudo, estas reglas eran aplicables solo a los mismos miembros del grupo o civilización. Por ejemplo, Platón escribió que se deberían observar ciertas limitaciones en las guerras entre ciudades griegas, pero estos límites no eran aplicables a la lucha contra los persas (VEUTHEY, Michel. Droit International Humanitaire).

Estas reglas buscaban garantizar la supervivencia de la población. Los guerreros no deben atacar a mujeres y niños, destruir plantaciones o árboles, envenenar fuentes de agua o destruir sitios y edificios sagrados porque estas acciones podrían poner en peligro la supervivencia de la población.

La definición más simple y común de DIH es la "Regla de Oro" definida como *No hagas a los demás lo que no quieres que te haga*. Esta exigencia de reciprocidad en la limitación del uso de la fuerza y en la solidaridad relacionada con la acción humanitaria está presente en la mayoría de tradiciones religiosas, como el hinduismo, confucianismo, sintoísmo, budismo, taoísmo, zoroastrismo, judaísmo, cristianismo y Islam.

En los países asiáticos, el budismo, el hinduismo y también el taoísmo, el confucianismo y el sintoísmo enumeran los principios de humanidad para el tratamiento del enemigo durante un conflicto armado. Ejemplo: el Bushido japonés (Bushi = Samurai y Do = camino).

El budismo tiene dos principios fundamentales: *maitri* (benevolencia) y *karuna* (misericordia, compasión), muy cercanos al significado de humanidad (MILLET-DEVALLE, Anne-Sophie. Religions et Droit International Humanitaire).

El hinduismo tiene reglas sobre el trato humano de los enemigos derrotados, así como la lealtad en el combate y el uso de armas que causan lesiones superfluas. Las Leyes de Manou (un código de leyes con normas morales y religiosas) prescribe que un guerrero nunca debe usar armas traicioneras contra sus enemigos con espadas, flechas envenenadas o cuero quemado (MILLET-DEVALLE, Anne-Sophie. Religions et Droit Humanitario Internacional).

Las Leyes de Manou también prohíben atacar a un enemigo: a pie (cuando el atacante está en un vehículo), que actúa de manera femenina, que une las manos, suplicando clemencia, se quita el cuero cabelludo, se sienta o duerme, o que no lleva armadura, por completo. desnudo, desarmado, observando un combate o atacando a otro enemigo, o cuya arma está rota, o tirado en el suelo, o gravemente herido, o es un cobarde o cuando está huyendo.

Dos libros sagrados indios, *Ramayana* y *Mahabharata*, prohíben el uso de armas de destrucción masiva, que no permiten la distinción entre combatientes y no combatientes. En el Mahabharata, "Arjuna (un personaje religioso indio), sometiéndose a las leyes de la guerra, se abstuvo de usar la *pasupathastra*, un arma hiperdestructiva, porque el combate solo requería armas clásicas ordinarias, por lo tanto, el uso de armas extraordinarias o no clásicas no solo sería contrario a la religión o las conocidas leyes de la guerra, sino también inmoral ". (*Apud* BALMOND, Louis. Droit du recours à la force).

El juez Weeramantry de la Corte Internacional de Justicia (CIJ) utilizó este pasaje como argumento en su opinión disidente sobre el Aviso consultivo de la CIJ sobre la legalidad de la amenaza o el uso de armas nucleares, argumentando que la Corte debería garantizar, en su conjunto , la representación de diferentes formas de civilización y los principales sistemas legales del mundo.

El juez también citó un pasaje en Deuteronomio (quinto libro del Pentateuco, Antiguo Testamento) que prohíbe la tala de árboles frutales (Deuteronomio 20, 19 "Cuando sities una ciudad por muchos días, peleando contra ella para tomarla, no destruirás su bosque, metiéndole el hacha, porque se la podrá comer; por qué no la talará; tal vez el árbol del campo sea un hombre, para que lo asedie usted? ") Hábitos tribales africanos, la prohibición del arma llamada ballesta por el Concilio de Letrán en 1139, así como la muy detallada doctrina de San Tomás de Aquino sobre, entre otras materias, la protección de los no combatientes.

El cristianismo occidental trató de crear fronteras a través de las tradiciones de la Caballería y proclamó, en los siglos X y XI, la *Treuga Dei* (Tregua de Dios) y *Pax Dei* (Paz de Dios), una iniciativa de la Iglesia. Según estas proclamas, todas las hostilidades estaban prohibidas en determinados períodos del calendario litúrgico (desde el primer domingo de Adviento hasta la Epifanía, desde el Miércoles de Ceniza hasta la Ascensión) y en determinados días de la semana (miércoles por la tarde). hasta el domingo por la mañana, en memoria de la Pasión y Resurrección de Jesucristo) y en lugares de culto religioso.

Los primeros defensores del derecho internacional humanitario, no por casualidad, fueron los religiosos, que reconocieron la dignidad inherente de todo ser humano, creado a imagen de Dios, como San Tomás de Aquino (1225-1274), el dominicano Francisco de Vitoria (1483- 1546), Baltazar Ayala (1548-1584), el jesuita Francisco Suárez (1548-1617) y el protestante suizo Emmerich de Vattel (1714-1767).

La codificación de la Ley de Conflictos Armados (LoAC) fue una iniciativa del zar Alejandro II, de Rusia, donde representantes de 15 estados europeos participaron en una conferencia en Bruselas, el 27 de julio de 1874, para estudiar el proyecto. acuerdo internacional sobre las leyes y costumbres de la guerra. El texto inicial fue adoptado con algunos cambios. Sin embargo, muchos estados no quisieron aceptar un acuerdo obligatorio, por lo que el texto no ha sido ratificado. En cualquier caso, este fue un primer paso importante hacia la codificación de las Leyes de la Guerra (VEUTHEY, Michel. Droit International Humanitaire).

El Instituto de Derecho Internacional, durante una conferencia en Ginebra, nombró un comité para examinar la Declaración de Bruselas y presentar su opinión y propuestas complementarias al Instituto. Los esfuerzos del Instituto llevaron a la adopción, en 1880, del Manual de Oxford sobre el Derecho de los Conflictos Terrestres Armados. La Declaración de Bruselas y el Manual de Oxford fueron la base de los dos Convenios de La Haya sobre conflictos armados terrestres y disposiciones conexas, adoptados en 1899 y 1907.

Durante siglos, las naciones empezaron a tener la convicción de que el derecho debe prevalecer en el ámbito de los conflictos, para evitar sus efectos más desastrosos. El desarrollo de nuevas formas de comunicación, armas de destrucción en masa y armamento cada vez más sofisticado ha llevado a una conciencia mundial de las características inhumanas y sangrientas de los conflictos contemporáneos.

Esta conciencia tuvo una evolución notable en el siglo XIX, con la práctica de coaliciones, capitulaciones y convenciones de armisticio. Estos desarrollos, encaminados a humanizar el tratamiento de las víctimas del conflicto, nacieron de las reglas consuetudinarias, revelando el desarrollo de una ética combatiente.

Un proceso válido de construcción de normas legales internacionales se inició durante la segunda mitad del siglo XIX, con los esfuerzos de Henri Dunant en Europa, quien fue testigo de la cruel batalla de Solferino, y luego idealizó la Primera Convención de Ginebra, en 1864, y Francis Lieber, quien redactó el primer código promulgado sobre el tema por el gobierno de los Estados Unidos de América durante la Guerra Civil de Secesión.

Durante el siglo XX, esta evolución tuvo lugar con los Convenios de Ginebra de 1906 y los Convenios de La Haya de 1899 y 1907. Al codificar una norma jurídica que formaba parte del derecho internacional consuetudinario, estos Convenios mostraron el comienzo de un derecho humanitario a proteger las víctimas, y una ley de guerra, para limitar las acciones del combatiente.

El derecho internacional humanitario y el derecho de la guerra evolucionaron y adquirieron cierta eficiencia, pero la Primera Guerra Mundial mostró, por primera vez, la característica incompleta de estas normas y las dificultades para su implementación por parte de los Estados. Los nuevos instrumentos convencionales intentaron llenar los vacíos en un marco legal que no protegía suficientemente. La Segunda Guerra Mundial, por su parte, mostró la necesidad de un conjunto completo de reglas que garantizaran la protección de las víctimas de la guerra de manera más eficiente. Esta fue la contribución de los Cuatro Convenios de Ginebra del 12 de agosto de 1949, que ahora constituyen la base del Derecho Humanitario. Estos convenios se destacaron en los juicios de Nuremberg y Tokio, donde, por primera vez, se condenó a los acusados de crímenes de guerra.

Durante la segunda mitad del siglo XX se produjo un aumento en el campo de aplicabilidad de la LoAC, dentro de una comunidad internacional en la que su capacidad de funcionamiento se basa en la Carta de las Naciones Unidas. La LoAC contiene aspectos de la protección de los bienes culturales, el medio ambiente natural, la participación de niños en conflictos armados, la prohibición de ciertas armas, consideradas inhumanas o que causan sufrimiento excesivo.

Paralelamente, la apariencia del conflicto armado se ha modificado en gran medida. Los conflictos internos trajeron nuevos actores no estatales (como las organizaciones terroristas), creando múltiples repercusiones internacionales y, al mismo tiempo, las operaciones de mantenimiento y aplicación de la paz fueron aún más comunes después del final de la Guerra Fría.

El derecho internacional de los conflictos armados es una rama específica del derecho internacional público y tiene tres dominios diferentes.

La Ley de la Guerra, también conocida como "Ley de La Haya", agrupa el conjunto normativo de las Convenciones de La Haya, de las cuales las más conocidas son las promulgadas el 18 de octubre de 1907; uno trata sobre las leyes y costumbres del conflicto armado terrestre y el otro sobre el conflicto armado naval. Estos textos fueron creados para proteger al combatiente de los efectos más horribles de la guerra, y definen algunas reglas aplicables al combate, como la prohibición de la perfidia o declarar que no habrá prisioneros (no dar cuartel). Las normas que de ellas se derivan buscan proteger algunos derechos también amenazados, como la Convención de La Haya de 14 de mayo de 1954, relativa a la protección de los bienes culturales.

El derecho internacional humanitario comprende el conjunto elaborado por los Convenios de Ginebra del 12 de agosto de 1949, sobre los enfermos y heridos (primero), los náufragos (segundo), los prisioneros de guerra (tercero) y la población civil (cuarto). Estos cuatro Convenios buscan proteger a las víctimas de la guerra, es decir, a los combatientes fuera de combate y a la población civil que sufre los espantosos efectos de los conflictos. Desde principios del siglo XX, la proporción de víctimas civiles en la guerra es mucho mayor que la de víctimas militares.

En la división entre el Derecho de la Guerra y el Derecho Humanitario hay un derecho combinado, que incluye elementos de ambas ramas. Estos son los dos Protocolos Adicionales a los Convenios de Ginebra, adoptados el 8 de junio de 1977 en Ginebra.

La Ley de Control de Armas cumple con las convenciones internacionales que prohíben, limitan o regulan el uso de determinadas armas o municiones. Prohíbe armas químicas y biológicas, minas antipersonal, proyectiles de punta hueca (munición "dum dum"), armas con proyectiles no detectables por rayos X, láseres cegadores, entre otros. El uso de armas incendiarias, a su vez, está regulado y limitado al ataque exclusivo de objetivos militares alejados de la concentración civil. Asimismo, el uso de minas que no sean antipersonal aún está permitido, pero solo si se toman todas las precauciones para proteger a los civiles de sus efectos, incluso después del conflicto.

La Ley de Control de Armas complementa los instrumentos internacionales relacionados con el desarme, como el Tratado de No Proliferación Nuclear, el Tratado de Fuerzas Convencionales en Europa - FCE (*Forces Conventionnelles en Europe*) o el Tratado de Reducción de Armas Estratégicas - START (*Strategic Arms Reduction Treaty*) y el Diálogo sobre Limitaciones de Armas Estratégicas – SALT (*Strategic Arms Limitation Talks*). Estos instrumentos son paralelos al Control de Armamentos, ya que ambos buscan una reducción progresiva de ciertas armas, hasta su total desaparición, ya que el tema del Control de Armamentos es más que la prohibición de ciertas armas.

Es durante un conflicto armado cuando el poder soberano de un estado a menudo manifiesta su fuerza. En este sentido, algunos estados no dudan en privilegiar la eficiencia militar sobre las reglas legales. Por el contrario, el respeto al derecho de los conflictos armados permite la realización de operaciones militares, limitando los efectos inhumanos de la guerra. Esta es una condición esencial para evitar que se produzca un círculo vicioso de barbarie.

El marco de la Ley de Conflictos Armados, aunque imperfecto, brinda una protección valiosa a las Fuerzas Armadas y también a la población civil. Permite la solución, o el intento de resolver, situaciones difíciles, complejas o ambiguas que caracterizan a todos los conflictos armados. Definen la acción de las Fuerzas Armadas, contribuyendo a la imagen del país en caso de una intervención externa.

La Ley de Conflictos Armados es aplicable a todos los conflictos armados. Puede ser internacional, cuando se da entre dos estados soberanos, o no internacional, cuyo ejemplo más frecuente es la guerra civil. Los conflictos armados no internacionales deben distinguirse de las situaciones de tensión interna, insurrecciones y otros actos de violencia similares, que no se consideran conflictos.

Esta distinción es importante porque se deriva del ordenamiento jurídico aplicable a cada circunstancia. Así, en lo que respecta al derecho internacional humanitario, un conflicto armado no internacional está regulado por el Protocolo adicional II a los Convenios de Ginebra. Por otro lado, en un Conflicto Internacional, las partes beligerantes deben someterse a los Cuatro Convenios de Ginebra y al Protocolo Adicional I. Las reglas aplicables a los Conflictos Armados Internacionales son más amplias y protectoras que en los Conflictos Armados No Internacionales.

El núcleo de los derechos humanos fundamentales son aplicables a todas las situaciones, incluso fuera de un conflicto, e independientemente de sus características, sean internacionales o no. Es el artículo 3 común a los Convenios de Ginebra que define las reglas básicas para la protección de los seres humanos, y también el marco legal de los Derechos Humanos, que enumera tres principios importantes:

- **Inviolabilidad**, que garantiza a toda persona y a todo combatiente el derecho al respeto de su vida y su integridad física y moral;

- **No discriminación** para que todas las personas sean tratadas independientemente de su raza, género, nacionalidad, opinión política o religión (este principio de Derechos Humanos es diferente del Principio de Discriminación, específico del Derecho Internacional Humanitario, que se explica a continuación);

- **Certeza** para que el individuo no sea responsable de algo que no haya cometido, mediante las garantías judiciales necesarias y la prohibición de represalias, castigos colectivos, toma de rehenes y deportaciones.

Las normas del derecho internacional humanitario tienen como objetivo proteger a los combatientes en conflictos armados, pero también a los enfermos, heridos, náufragos, personal religioso y sanitario, prisioneros de guerra, corresponsales de guerra, diplomáticos, organizaciones humanitarias y agentes de la defensa civil, refugiados y , en su conjunto, la población civil afectada por una situación de conflicto armado, especialmente mujeres y niños.

Los principios fundamentales del derecho internacional humanitario son:

- **Humanidad**, que se basa en el deseo de evitar, con todas las medidas posibles, los daños y sufrimientos superfluos que ocasiona el uso de la fuerza. En este sentido, la elección de medios y métodos de combate no es ilimitada, pero debe respetar las reglas de la LoAC que limitan los efectos nocivos del uso de la violencia. La Cláusula Martens (esta Cláusula fue creada por el jurista estonio Frédéric de Martens, y es parte de varias convenciones internacionales) establece que: "La población civil y el combatiente permanecen dentro de la protección del *Droit des Gens* (*Jus gentium*, o Derecho Internacional) , las reglas resultantes de las costumbres establecidas, los principios de humanidad y las obligaciones de conciencia pública ". El respeto a la Ley de los Conflictos Armados sigue una lógica de humanidad. Toda batalla ganada sin respetar la dignidad humana es, tarde o temprano, una batalla perdida;

- La **discriminación**, también conocida como Principio de Precaución, impone a los combatientes la obligación de distinguir los objetivos militares, que pueden ser atacados, de la población y los bienes civiles, que no deben ser blanco de ningún ataque voluntario. Una de las mayores dificultades para implementar este principio es encontrar una forma práctica de distinguir entre objetivos militares y activos civiles. El Art. 52 del Protocolo Adicional I a los Convenios de Ginebra aclara: "en lo que respecta a las propiedades, los objetivos militares se limitan a aquellos que, por su naturaleza, ubicación, destino o uso, demuestren una contribución militar efectiva a la acción militar, y su destrucción, captura o neutralización parcial o total aporta una ventaja militar completa ";

- **Proporcionalidad**, que requiere evitar un ataque del que se puede esperar que incidentalmente cause la pérdida de vidas humanas en la población civil, lesiones a la población civil, daños a la propiedad civil o un conjunto de pérdidas y daños considerados excesivos en comparación con la ventaja militar en concreto que se espera directamente. La implementación de este principio se basa en la correspondencia entre los medios empleados y el resultado militar deseado. La implementación del Principio de Proporcionalidad no excluye los daños colaterales que puedan afectar a la población o la propiedad civil, a menos que sean exagerados en comparación con la ventaja militar concreta que se espera directamente. Tampoco excluye que algunos objetivos, que se benefician de la protección especial de una convención internacional, se conviertan en blancos militares, si esta convención menciona explícitamente la capacidad del atacante para argumentar que existe una necesidad militar para infligir el ataque.

Respetar la LoAC es garantía de eficacia en el cumplimiento de la misión. Mejora el comportamiento del combatiente, fortaleciendo el sentimiento de disciplina. También facilita la gestión y conclusión de una crisis y el retorno a la paz en un momento en el que todos estos temas son primordiales en cualquier intervención externa.

En el equilibrio entre el Principio de Humanidad y Necesidades Militares, LoAC se encuentra en el acimut del Principio de Economía de Fuerzas y Medios.

Para ser eficiente, la LoAC debe ser respetada por la gran mayoría de los Estados, si no por todos. Debe encontrar la universalidad, para que pueda ser aceptado por todos. También debe estar rodeada de medidas de confianza, supervisión, control y sanción.

De la misma manera que las obligaciones nacidas de la moralidad individual y colectiva se implementan de manera voluntaria y no impuesta al azar, las obligaciones nacidas de la ley reúnen a la población de un Estado que está tratando de respetarlas, y puede ser sujeto, si lo desrespeta, a sanciones disciplinarias y legales.

Los combatientes deben, bajo cualquier circunstancia, respetar las reglas de la LoAC. No es aceptable en ningún caso que la desviación de conducta se aparte de ellos, independientemente del contexto o misión, aunque el oponente no los respete.

El Comandante tiene una responsabilidad integral en esta materia, debiendo velar por que los miembros de las Fuerzas Armadas conozcan el asunto y cumplan con las obligaciones que de él se derivan. Es el responsable de la instrucción y formación de la LoAC.

Es un error del Comandante creer que la LoAC puede ser ignorada en caso de que disminuya la eficiencia militar. No existe tal hipótesis, y la razón es simple: al respetar la LoAC, las tropas se vuelven aún más eficientes, porque:

- Los disparos que alcanzan objetivos no militares generan una pérdida de medios y tiempo en el campo de batalla, y la desmoralización de las tropas;

- El apoyo de la población civil es fundamental para la solución de cualquier conflicto asimétrico, restableciendo la paz a largo plazo (fundamental para las Operaciones de Paz);

- El respeto por el medio ambiente ayuda a la reconstrucción del país en el posconflicto, facilitando el fin del conflicto y la retirada de las tropas sobre el terreno.

Además de las medidas disciplinarias que pueden imponerse, el incumplimiento de las reglas de la LoAC también puede dar lugar a responsabilidad penal. El acusado puede ser procesado por delitos en tribunales federales o militares, o en tribunales penales internacionales, según la gravedad y el alcance de los hechos.

En conclusión, el soldado, Casco Azul o no, que quiera comprender y utilizar la Ley de Conflictos Armados (LoAC) durante su misión debe seguir tres procesos básicos:

- Confianza, porque las reglas de la LoAC apoyan toda la doctrina militar y son consideradas en todos los niveles jerárquicos. El desarrollo equilibrado de estas normas y su implementación son objetivos importantes para los países que respetan sus compromisos internacionales. Además, el comportamiento de alto nivel del personal de mantenimiento de la paz puede servir como ejemplo para que otros combatientes aprendan y apliquen las mismas reglas y ejemplos;

- Realidad, porque el respeto a la Ley de Conflictos Armados y Derechos Humanos está dentro de los deseos de las Fuerzas Armadas organizadas y disciplinadas. Si bien algunas reglas pueden parecer complejas o contradictorias, su implementación reside en el respeto de valores que son importantes para los estados democráticos y que están tratando de proteger. Esta implementación se basa en la honestidad y buena fe que guían al Casco Azul en el cumplimiento de su misión;

- Perseverancia, porque el Derecho de los Conflictos Armados no es solo un conocimiento teórico, sino que también debe convertirse en un estado de ánimo que aliente en todo momento a las instituciones militares ya cada uno de sus integrantes. Un compromiso permanente a nivel estratégico significa que, en todos los niveles subordinados, el soldado se da cuenta de que, al conocer y respetar las reglas de los Conflictos Armados, está cumpliendo su misión.

4. TERRORISMO, NUEVAS Y VIEJAS FORMAS

La palabra terror proviene del latín *terrere*, que significa asustar. La palabra y sus términos relacionados se utilizaron en contextos muy diferentes: en el nombre de un tirano (por ejemplo, Iván el Terrible, el primer zar ruso), períodos caracterizados por una violenta inestabilidad política (por ejemplo, el Reino del Terror durante la Revolución Francesa, y actos esporádicos de violencia conocidos internacionalmente como terrorismo internacional. La violencia no es el aspecto principal, ya que la violencia también se cometió durante la Primera y Segunda Guerra Mundial, y no fueron considerados actos de terrorismo en nuestro tiempo. La violencia no es el objetivo, sino el instrumento mediante el cual una persona puede esparcir el miedo (aterrorizar) a la población de un país.

La propagación del miedo puede estar motivada por un propósito criminal o político. De una forma u otra, toda una población puede asustarse sin el uso del terrorismo. Por ejemplo, cuando la causa es una enfermedad, como la gripe aviar de China, que amenaza al mundo entero, o la enfermedad de las vacas locas, que asusta incluso a los vegetarianos, y también el mortal virus del Ébola, que provocó una epidemia en África Central durante años 90 y principios del siglo XXI. Algunas personas creen que estas enfermedades no eran del todo naturales, pero estaban muy extendidas, caracterizando un caso de bioterrorismo.

Si una persona asume que la intención de todo terrorista es esparcir el miedo entre la población, existe una motivación común en los delitos que comete. Dado que hay un elemento común en el terrorismo, se puede enfrentar utilizando estrategias y tácticas defensivas similares. Cualquier acción que pueda tomarse para reducir el miedo y la ansiedad en una población es una herramienta eficaz contra el terrorismo.

4.1. DEFINICIONES DE TERRORISMO

Brian Jenkins define el terrorismo como el uso o la amenaza del uso de la fuerza con el propósito de un cambio político. De manera similar, el FBI define el terrorismo como el uso ilegal de la fuerza o la violencia contra personas o bienes para intimidar o coaccionar a un gobierno, la población civil o una parte de él, con fines sociales y políticos (COUNTERTERRORISM, 2002, p. 16).

El Convenio Internacional para la Represión de la Financiación del Terrorismo (adoptado por la Resolución 54/109 de la Asamblea General de la ONU de 9 de diciembre de 1999) define el terrorismo como "actos criminales, incluso contra civiles, cometidos con la intención de causar la muerte o lesiones corporales graves, o toma de rehenes, con el propósito de provocar un estado de terror en el público en general, un grupo de personas o algunas personas en particular, intimidar a la población u obligar a un gobierno u organización internacional a hacer o abandonar hacer algún acto". Encontramos una definición similar en la Resolución del Consejo de Seguridad No. 1566 (2004), adoptada el 8 de octubre de 2004.

En el combate convencional o en el combate de guerrilla / asimétrico, es posible distinguir entre combatientes y no combatientes. Se puede argumentar que las personas que no participan en los combates también mueren en el conflicto. En este caso no son el objetivo principal de la acción militar, sino un efecto paralelo del ataque, llamado daño colateral. En combate convencional o de guerrilla, el objetivo es destruir las fuerzas enemigas. Los conflictos armados pueden ser de alta o baja intensidad (es decir, que ocupen territorio extranjero o no), como muchos conflictos en todo el mundo, por la independencia (ex repúblicas soviéticas y ex colonias europeas), minorías étnicas (en África y Oceanía) y narcotráfico (América Latina). Los conflictos armados pueden ser simétricos (entre estados) y asimétricos (entre un estado y grupos o facciones rebeldes).

Sin embargo, apuntar a los no combatientes está en el corazón del terrorismo internacional. Debido al secretismo en el que se lleva a cabo esta actividad, el acto terrorista es llevado a cabo por un pequeño grupo de agentes, quienes reciben apoyo logístico y financiero de organizaciones fundamentalistas y gobiernos simpatizantes. Se puede sospechar que ciertos grupos apoyan objetivos terroristas cuando ellos mismos no están causando el terror. Debe hacerse una distinción entre los grupos que realmente son la amenaza y otros que son explotados o utilizados como cobertura para otros grupos.

El Departamento de Estado de Estados Unidos describe el terrorismo como un fenómeno en constante cambio y la naturaleza de la amenaza terrorista ha cambiado drásticamente. Atribuye este cambio a cinco factores (COUNTERTERRORISM, 2002, p. 26.):

1. El colapso de la Unión Soviética (y el fin del Pacto de Varsovia);

2. Cambio en la motivación del terrorista;

3. Proliferación de tecnologías de destrucción masiva;

4. Aumento del acceso a la información y la tecnología de la información;

5. Centralización acelerada de componentes esenciales de la infraestructura nacional que han aumentado la vulnerabilidad a un ataque terrorista.

4.2. INTENCIÓN DEL TERRORISMO

El terrorismo es una dramatización por razones políticas (la intención específica del ataque terrorista, o *dolus specialis*, se explica en el próximo capítulo), y hay algunos elementos universales en las actividades terroristas modernas (COUNTERTERRORISM, 2002, p. 31 *et all*):

1. EL USO DE LA VIOLENCIA PARA PERSUADIR, en el que se utilizan explosivos y otros ataques para ganar posiciones con las víctimas objetivo. El término víctimas objetivo se utiliza porque el objetivo no está en las personas que mueren o resultan heridas. Por el contrario, el ataque puede llevarse a cabo para influir en un gobierno, una coalición o grupo de gobiernos, para tomar una decisión o una

determinada acción, o también para prevenir o reprimir una determinada acción;

2. DESTINATARIOS Y VÍCTIMAS ELEGIDOS POR LA MÁXIMA PUBLICIDAD ALCANZABLE, por lo que eligen los destinatarios que brindarán la atención mediática más completa. Este hecho queda particularmente demostrado por los ataques terroristas como la explosión en el World Trade Center de Nueva York en 1993 y 2001, y la toma de rehenes con atletas israelíes durante los Juegos Olímpicos de Munich en 1972. Otros ejemplos son los ataques terroristas en Madrid (11 de marzo de 2004) y en Londres (7 de julio de 2005);

3. LOS ATAQUES NO SON CAUSADOS, es decir, las víctimas u objetivos no han hecho nada contra los terroristas, como ocurre con cualquier acto terrorista, ya que sus supuestos motivos suelen ser una historia compleja que los terroristas se entregan a sí mismos para encuentrar apoyo para sus acciones entre su grupo;

4. LA PUBLICIDAD MÁXIMA CON RIESGO MÍNIMO es el principio rector de muchas acciones terroristas, particularmente aquellas con explosivos. Los ataques con explosivos generalmente generan mucha publicidad, dependiendo de la ubicación y el período, por lo que los objetivos se seleccionan por lo que representan, como embajadas, atracciones turísticas conocidas en todo el mundo e instalaciones similares. Los temporizadores de alta tecnología permiten planificar la detonación para que tenga un período de tiempo prolongado, lo que reduce el riesgo para los terroristas, que pueden haber desaparecido hace mucho tiempo cuando el dispositivo explota o es encontrado. Otras actividades terroristas favoritas son los secuestros, robos y asesinatos, que pueden generar una publicidad amplia y prolongada, pero también un mayor riesgo para el agente. Existe una tendencia al cambio cíclico en los ataques terroristas. Después de una serie de secuestros, la población puede volverse insensible a los hechos, y la próxima toma de rehenes puede no recibir la misma atención de los

medios de comunicación, desde las noticias de televisión hasta Internet. Los ataques explosivos, que son menos frecuentes durante el mismo período, también pueden obtener más publicidad que otro secuestro. Por tanto, un cambio de táctica puede generar más propaganda que otras formas de ataque. Los terroristas siempre quieren cobertura mediática, por lo que cambiarán de táctica para obtener la mayor publicidad posible.

5. USO DE SORPRESA PARA EVITAR MEDIDAS CONTRATERRORISTAS para atacar objetivos altamente protegidos. Incluso cuando hay guardias, dispositivos de detección y una gran seguridad en las inmediaciones, el factor sorpresa se puede utilizar para burlar el equipo y el elemento humano en el sistema de seguridad. El tiempo es el mejor amigo del terrorista. Después de un largo tiempo sin eventos terroristas, los objetivos bien protegidos pueden experimentar una disminución en sus medidas de seguridad. Cuando no hay planes para un ataque suicida, el terrorista permanecerá en el banquillo hasta que la seguridad del objetivo sea más favorable.

6. AMENAZAS, LIMITACIONES Y VIOLENCIA son herramientas que utilizan los terroristas para mantener un ambiente de miedo. Los terroristas pueden colocar pequeños explosivos o dispositivos incendiarios en lugares públicos, como grandes almacenes y cines. Recientemente, terroristas que lucharon contra el gobierno egipcio atacaron a turistas en las pirámides y otros sitios históricos. Para la población, no existe una conexión razonable entre la motivación y el lugar de los ataques, por lo que cualquier amenaza de dicha actividad puede generar miedo en la población.

7. INDIFERENCIA DE MUJERES Y NIÑOS COMO VÍCTIMAS, porque en ocasiones los lugares se eligen especialmente para convertir en víctimas inocentes, con el objetivo de aumentar la indignación y el miedo ante la agresividad del acto terrorista. Esta es otra forma de recibir más publicidad y cobertura mediática debido al sufrimiento y muerte de los no combatientes. Esta peculiaridad

diferencia al terrorista del soldado o del guerrillero. El soldado lucha bajo la autoridad de su gobierno. La guerrilla libra el mismo combate que el soldado en tácticas y código de conducta, por lo que las mujeres y los niños no son objetivos deseados. Un terrorista probablemente puede enfocarse en mujeres y niños como objetivos, para incitar una mayor sensación de miedo. Por lo tanto, la limpieza étnica mostrada en Bosnia y Kosovo en diferentes clases de la población de la ex Yugoslavia no fue solo una operación militar, sino el terrorismo practicado por las milicias (la naturaleza jurídica del acto terrorista se explica en detalle en el próximo capítulo).

8. LA PUBLICIDAD SE UTILIZA PARA MAXIMIZAR EL EFECTO DE LA VIOLENCIA, principalmente por razones económicas y políticas. Sería un desperdicio para la causa terrorista si la operación terrorista no tuviera publicación. En este sentido, el Septiembre Negro, durante los Juegos Olímpicos de Múnich, en 1972, y todos los grupos que imitaron esa toma de rehenes, proclamándose responsables de atentados en circunstancias similares, quieren publicidad mundial por motivos políticos y económicos. Desde un punto de vista político, el grupo terrorista quiere demostrar que es una organización de larga data, un poder a respetar y una fuerza a temer. En el campo económico, el grupo muestra a los gobiernos favorables a su causa y a los gobiernos que apoyan a los grupos terroristas que es lo suficientemente bueno para recibir apoyo financiero. Incluso cuando los terroristas no asumen la responsabilidad pública de sus acciones, muchos actos tienen una forma o formato particular que los caracteriza, o dejan pistas que los conducen.

9. LA LEALTAD A SÍ MISMOS es una característica de los grupos terroristas que se pueden encontrar entre armenios, croatas, kurdos y vascos, y muchos otros. Entre ellos, la lealtad es tan intensa que cometen actos delictivos impensables por esta lealtad, algo que nunca harían los elementos radicales de un movimiento pacífico. Sin embargo, en su mayor parte, las nuevas generaciones de terroristas ya no tienen la

misma alta lealtad a la causa original, el orgullo de defenderla y la visión estrecha del objetivo principal. Muchos se involucran en el terrorismo para obtener beneficios y la perpetuación de su actividad delictiva como objetivo principal. En conclusión, se vuelven nihilistas y se interesan principalmente por la rentabilidad económica de la actividad.

El terrorismo durante las décadas de 1960 y 1970 fue puesto en práctica, en su mayor parte, por individuos en edad universitaria y activistas políticos con muchos años de estudios formales. Hoy en día, muchos conflictos de baja intensidad son practicados por niños soldados, muchos de los cuales aún no han alcanzado la pubertad y se han vuelto insensibles a la violencia y las emociones humanas.

4.3. MANUTENCIÓN DE LA PAZ Y TERRORISMO

El mantenimiento de la paz reciente ha traído consigo un desarrollo interesante, trayendo un nuevo objetivo a la misión de los cascos azules: las operaciones de mantenimiento de la paz han incorporado gradualmente objetivos antiterroristas en sus mandatos de misión y en sus operaciones.

El terrorismo no es nada nuevo y se ha producido durante una misión de mantenimiento de la paz desde sus inicios. Un ejemplo es el asesinato del Conde Folke Bernardotte, un funcionario de la ONU para el conflicto árabe-israelí (UNTSO), por el grupo terrorista judío Stern Gang, o Irgun, o Lehi, el 17 de septiembre de 1948. Otro ejemplo ocurrió en la cuestión de la India -Pakistán, cuando grupos considerados terroristas de un lado cruzaron la frontera varias veces para atacar a la población civil, y los Observadores Militares de UNIPOM no tenían autoridad ni poder para llevar a cabo actos coercitivos (RAM, Sunil. *The History of United Nations Peacekeeping Operations During the Cold War,* pg. 100).

Separatistas en el Congo (fuerzas de Katanga, que también lucharon contra el personal de mantenimiento de la paz de la ONU y el gobierno central congoleño en 1961, incluso después del alto el fuego; sus ataques terroristas tenían claramente la intención de desestabilizar al gobierno), según la definición actual del terrorismo, están involucrados en actos terroristas, atacando deliberadamente a la población civil con fines políticos. La presencia de la misión de la ONU en la región tenía la autoridad para enfrentar esta amenaza, incluso si no está escrito en el mandato, porque un pacificador en el campo tiene la misión implícita de proteger a la población civil, dentro de sus recursos.

Sin embargo, hoy existe un debate sobre la definición de terrorismo, a pesar de la similitud de métodos, propósitos y víctimas. *Hezbollah* (Partido de Dios) es considerado una organización terrorista por muchas agencias federales, como la NSA, debido a sus objetivos políticos y sus ataques armados contra la población civil israelí; pero los Janjaweed en Sudán lastimaron a la población civil de Darfur de muchas maneras diferentes (se les considera uno de los responsables del genocidio en el período 2005-2007), pero no se les considera un grupo terrorista, a pesar de que tienen la misma motivación que los *Hezbollah*, la limpieza étnica de una región en relación con una población (pueblo judío en el Líbano y un grupo étnico en Sudán) (JONES, Bruce. *Looking to the Future: Peace Operations in 2015*, pg. 14).

El contraterrorismo ha estado presente en una operación de paz en diferentes ocasiones. En Afganistán, la ISAF ha participado en operaciones ofensivas contra los talibanes, un grupo considerado por la comunidad internacional como partidario del terrorismo. En Filipinas, se llevó a cabo una campaña antiterrorista para estabilizar el ambiente, amenazado por el Frente de Liberación Moro. En el Líbano, el mandato de la FPNUL y la capacidad de su fuerza fueron diseñados para participar en operaciones antiterroristas contra Hezbollah (Res SC 1701 (2006), emitida después del conflicto Israel-Hizbullah, Art. 1. pide "el cese completo de hostilidades basadas, en particular, en el cese inmediato por Hisbollah de todos los ataques ". <www.un.org[1]>).

Es posible que se necesite una misión de mantenimiento de la paz, lo suficientemente sólida para la misión, para evitar los depredadores

---

1.   http://www.un.org/

del proceso de paz y para proteger a la población civil de las amenazas terroristas. Esta no es la imposición de la paz, otro tipo de operación que se hace cuando no hay acuerdo político, y las partes en conflicto serán tratadas militarmente (sin consentimiento a nivel estratégico). Por ejemplo, las operaciones en Afganistán, Filipinas y el Líbano son de mantenimiento de la paz, lo suficientemente sólidas para llevar a cabo su mandato, porque el propósito de la operación es apoyar un arreglo político. (JONES, Bruce. *Looking to the Future: Peace Operations in 2015*, pg. 15).

Además de la amenaza que representa el terrorismo para la población civil, existe otra razón por la que una operación de paz no puede carecer de capacidad para hacer frente a un acto terrorista. Las Naciones Unidas y sus miembros son el principal objetivo de un ataque terrorista. El secuestro o la muerte de un Casco Azul puede provocar la ausencia de apoyo político para el País Contribuyente de Tropas y generar (o aumentar) propaganda contra la Misión en los medios de comunicación locales e internacionales.

Las Naciones Unidas tuvieron un obstáculo importante en Irak luego del ataque a la Sede de Naciones Unidas en Bagdad el 19 de agosto de 2003, cuando el Representante Especial del Secretario General, el brasileño Sérgio Vieira de Melo, fue asesinado por un vehículo cargado con explosivos. La imparcialidad y credibilidad de la ONU no puede proteger a los Cascos Azules cuando el terrorista utiliza objetivos imparciales y creíbles para lograr la mayor atención de los medios y el disgusto público posible.

En conclusión, una capacidad antiterrorista adecuada es esencial en una misión de mantenimiento de la paz por dos razones: los cascos azules pueden ser objetivos o víctimas del terrorismo, y también porque cualquier parte que intente socavar el proceso de paz puede utilizar el terror.

Para que se incluya un CT, un PKO con capacidad antiterrorista debe tener (las posiciones de la ONU, SC y SG sobre Contraterrorismo y Operaciones de Paz se establecen en el Capítulo 8):

- Agentes especializados en negociación de rehenes, detección de bombas y desarme, seguridad de instalaciones e infraestructura, medidas de contrainteligencia y grupo de asalto;

- Equipo adecuado para vigilancia y recoger inteligencia de potenciales terroristas en el Área de Responsabilidad de la Misión, y personal especializado;

- Disposición en sus mandatos de la posibilidad de emplear estos agentes y equipos especializados, para trabajar en coordinación con el gobierno local;

- Disposición en sus mandatos del uso de la inteligencia obtenida para una investigación penal contra el imputado de terrorismo.

5. QUE TIPO DE CRIMEN ES EL TERRORISMO?

A partir de la breve exposición del concepto de terrorismo en el capítulo anterior, es posible definir en términos legales qué tipo de delito es esta conducta ilícita y los tribunales competentes para procesar a los terroristas. Un mecanismo claro y certero de represión del delito es fundamental para prevenir un acto ilícito, y desde este punto de vista, el terror no se diferencia de otros delitos.

En resumen, el terrorismo es el uso ilegal, o amenaza de uso ilegal, de la fuerza o la violencia contra personas o bienes, con la intención de coaccionar o intimidar a gobiernos o sociedades con el fin de lograr objetivos políticos, religiosos o ideológicos.

El terrorismo está prohibido por el derecho internacional humanitario y nunca puede utilizarse como método de combate. El artículo 51, § 2, del Protocolo adicional I a los Convenios de Ginebra establece que, en cualquier circunstancia, está prohibido cometer o amenazar con cometer actos de violencia cuyo objetivo principal sea sembrar el terror entre la población civil.

Si bien la Ley de Conflictos Armados no especifica su definición, un acto terrorista, que está estrictamente prohibido, se diferencia de las acciones realizadas por las Fuerzas Armadas regulares o grupos guerrilleros que trabajan con base y en nombre de una organización jerárquica, portan armas ostensiblemente. durante el combate y se distinguen de la población civil.

En Brasil, como en muchos países del mundo, el terror está previsto en la Constitución Federal de 1988, se repudia su práctica (Art. 4, VIII), se considera o afianzable y no se permite amnistía ni gracia (Art. 5, XLIII). Sin embargo, en muchos países no existe una definición legal de terrorismo como delito, ni una descripción de la conducta delictiva y el castigo del delito entendido como terrorismo. Esta ausencia se explica por dos razones.

La primera razón es que un acto de terrorismo también está previsto en otras definiciones penales, como homicidio, secuestro y explosión. Pero el *animus* (*dolus*, o intención criminal) del agente terrorista es bastante diferente al del criminal común, cuando ofende la integridad física, la libertad y la seguridad del individuo. El fin del terrorista es otro, y esto lleva a la segunda razón.

La intención del terrorista es ofender a la Nación o Estado, su integridad política o territorial como Nación Soberana. Por tanto, el terrorismo se comete contra una persona jurídica de derecho internacional público, y la conducta debe ser considerada un delito en el derecho internacional, porque atenta contra los bienes jurídicos protegidos por esta rama del derecho.

El principal problema que busca resolver el Contrato Social de Rousseau es "encontrar una forma de asociación que defienda y proteja con toda su fuerza común a las personas y bienes de cada miembro, y en la que cada uno, unido a todos, solo puede obedecer usted mismo, y permanecer tan libre como antes" (ROUSSEAU, Jean Jacques. *Du Contrat Social*. Université de Nice, 2010).

El terror le quita al ciudadano la defensa y protección garantizada por el Contrato Social. Por lo tanto, al igual que los crímenes de lesa humanidad, los crímenes de guerra, el genocidio, la agresión, la piratería y la esclavitud, el terrorismo debe ser sancionado por un juez o tribunal utilizando la Competencia Universal, más que los criterios territoriales, materiales u otros de competencia jurisdiccional. porque es un crimen contra la soberanía de una nación, y debe ser castigado en todo el mundo, incluso si se comete en países que no tienen lesiones específicas en su contra, o en lugares donde no hay Estado soberano para crear leyes nacionales, como en la parte superior -espacio aéreo marítimo e internacional (en el Capítulo 6 se proporciona una explicación más detallada de la competencia jurisdiccional).

Los ejemplos siguientes corroboran que el terrorismo es un delito de derecho internacional.

Un conflicto intraestatal en el que una guerrilla, una facción rebelde o cualquier tipo de grupo organizado, una guerra intraestatal en la que una guerrilla, una facción rebelde o cualquier tipo de grupo organizado, se camufla dentro de la población y no reclama territorio o parte del territorio de la Nación, es un Conflicto Armado No Internacional, Asimétrico y de Baja Intensidad, cuando alcanza un nivel de operatividad superior a la mera insurgencia. Esta explicación corresponde a la breve definición de terrorismo expuesta anteriormente.

Una "guerra contra el terror" es más retórica que práctica, como la "guerra contra el hambre", la "guerra contra las drogas" o la "guerra contra el crimen", porque, para que haya una guerra, debe haber al menos dos partes en guerra. Además, declarar la guerra ya no es un instrumento legal en las relaciones internacionales (Artículo 2, § 4, de la Carta de la ONU).

Sin embargo, un gobierno puede hacer uso de su derecho de legítima defensa, preventiva o real, estipulado en el Artículo 51 de la Carta de la ONU, contra amenazas a su integridad territorial o soberanía, cuando sean cometidas por facciones rebeldes (*Hezbollah* en Líbano, *Hamas* en relación con Israel), guerrillas (*Sendero Luminoso* en Perú) y organizaciones o grupos criminales (*Fuerzas Armadas Revolucionarias de Colombia* y *Al Qa'ida*).

Estas entidades cometen delitos contra la integridad de las personas jurídicas de derecho internacional público (Estados) o su población (elemento esencial para una nación), por lo que pueden ser juzgadas por tribunales penales internacionales. En conclusión, los actos terroristas contra estados o naciones se consideran delitos según el derecho internacional.

El Estatuto de Roma (que creó la Corte Penal Internacional, firmado el 17 de julio de 1998) define Crímenes de Lesa Humanidad (artículo 7 del Estatuto de Roma) cualquiera de los actos que se describen a continuación, cuando se lleve a cabo mediante un ataque, difundido o sistemático, contra cualquier población civil, con la intención específica (*dolus specialis*) de cometerlos (algunas definiciones no están directamente relacionadas con el terrorismo y se han omitido):

(a) Asesinato;

(b) Exterminio;

(d) Deportación o traslado forzoso de población;

(h) Persecución contra cualquier grupo identificable;

(i) Desaparición forzada de personas;

(k) Otros actos inhumanos de carácter similar que causen grandes sufrimientos o lesiones graves en el cuerpo o la salud mental o física.

Los crímenes de lesa humanidad, tal como se definen en el Estatuto de Roma, son una definición amplia que abarca muchos crímenes de derecho internacional, excepto los que no se enumeran o mencionan específicamente. El genocidio, por ejemplo, se consideraría un crimen de lesa humanidad, pero tiene una definición criminal específica, para distinguirlo del término amplio "Crímenes de lesa humanidad".

Asimismo, los actos de terrorismo generalizados y sistemáticos son delitos incluidos en la definición amplia de "Crímenes de lesa humanidad", según la definición anterior. Sin embargo, el terrorismo podría prevenirse con más fuerza si el acto criminal de "terrorismo" se define como un crimen en el derecho internacional.

Las definiciones de terrorismo se encuentran en las leyes nacionales e internacionales (véase el Capítulo 4), pero todos los Estados miembros tienen que definir el terrorismo en sus leyes nacionales para cumplir con sus términos. Sin embargo, si el terrorismo se considera un delito en el derecho internacional, solo es necesaria una definición, basada en los estándares internacionales, y sería aplicable a toda la comunidad internacional.

Incluso sin una definición específica en el Estatuto de Roma, cualquiera de los actos descritos en el Art. 7 del Estatuto de Roma puede ser considerado terrorismo (El Código de Crímenes contra la Paz y la Seguridad para la Humanidad, Art. 20, f, (iv), se refiere se refirió a los actos de terrorismo en violación del DIH en el NIAC como crímenes internacionales. Según Brownlie, los artículos se volvieron redundantes después del Estatuto de la Corte Penal Internacional. BROWNLIE, Ian. *Principles*, p. 561), especialmente el gran sufrimiento o lesiones graves al cuerpo o la salud mental y física descritas en el punto (k), cuando sean cometidas por un grupo organizado, guerrilla o facción rebelde.

Las guerrillas no son organizaciones terroristas, pero cuando utilizan el terror como método para combatir a un estado o nación, también están cometiendo un crimen según el derecho internacional.

Las guerrillas son operaciones de combate realizadas en el territorio ocupado por el enemigo, principalmente por fuerzas militares o paramilitares en el país ocupado.

A las guerrillas se les permite pelear (son combatientes legales) y se les otorga el estado de prisionero de guerra cuando son capturados. Son combatientes de la resistencia, milicias y cuerpos voluntarios que no forman parte de las Fuerzas Armadas regulares de un país, operan dentro o fuera de su territorio, aunque ese territorio esté ocupado, pero deben cumplir con cuatro requisitos:

- Tener un comandante responsable de sus subordinados (cadena de mando);

- Tener un signo distintivo reconocible a distancia (uniformes, distintivos);

- Llevar armas ostensiblemente;

- Respetar, en sus operaciones, las leyes y costumbres de la guerra.

(Artículo 4 del Tercer Convenio de Ginebra sobre el trato de los prisioneros de guerra).

Cuando la guerrilla utiliza métodos o medios de combate ilegales, incluido el terrorismo, se convierte en criminal de guerra, pierde la protección garantizada a los Combatientes y, cuando es capturado, no puede ser considerado prisionero de guerra y debe ser procesado por un tribunal internacional, o un tribunal nacional que utilice la Jurisdicción Universal.

Por otro lado, el terrorista no cumple con todos los requisitos anteriores. No puede ser considerado Prisionero de Guerra, pero esto no significa que no sea Combatiente, por el hecho evidente de que aún existe Conflicto Armado y él está involucrado en él. Por tanto, es un combatiente ilegal, con la misma condición jurídica que un espía, que utiliza medios y métodos de combate ilícitos.

Cualquier combatiente, reconocido como tal por el derecho internacional humanitario, puede ser considerado Prisionero de Guerra o no, dependiendo de su conducta en el terreno cuando toma las armas contra un Gobierno, un Estado o una Nación. El terrorista no es diferente a cualquier combatiente al comienzo del conflicto, pero en el momento en que el agente ataca a los civiles con el propósito de ganar la pelea a través del miedo entre la población, ya no está combatiendo legalmente y pierde la protección bajo el Derecho Internacional Humanitario.

En conclusión, el terrorista es un criminal de guerra y debe ser procesado como tal (al considerar el terrorismo como un crimen en el derecho internacional, todos los Estados tienen la obligación *erga omnes* de prevenir y reprimir las actividades terroristas y enjuiciar a sus perpetradores. Un Estado no puede afirmar que el terrorismo no es un delito según su legislación nacional ni conceder asilo / inmunidad a los terroristas).

Otro ejemplo es el terrorista que utiliza un rehén civil con el *dolus specialis* para negociar con el Gobierno, y también como escudo humano durante una situación; está utilizando un método ilegal de luchar contra un gobierno con fines políticos. Eso es terrorismo cuando alcanza gran extensión y gravedad, es decir, una amenaza para la existencia del Estado.

En todos estos casos, ¿puede él ser juzgado por un tribunal nacional? La pregunta se puede plantear de otra manera: ¿el juez nacional es lo suficientemente capaz e imparcial para enfrentar tal crimen, cuando su patria, la población que lo incluye a él y su familia y amigos, el estado para el que trabaja, fue amenazada?

Una nación económicamente poderosa y democráticamente fuerte puede no sentir una amenaza para su existencia por la explosión de un edificio o el secuestro de un alto funcionario del gobierno. Pero los estados inestables, como los que requieren el apoyo de una Operación de Paz, son mucho más fáciles de demoler y su gente es más vulnerable al terrorismo.

Las funciones de los tribunales nacionales que pueden analizar, enjuiciar el acto terrorista y sancionar a sus autores, y los tribunales internacionales que pueden realizar estas tareas, se expondrán en el próximo capítulo.

6. PAPEL DE LAS CORTES DE JUSTICIA LOCALES Y INTERNACIONALES

Una vez definido que el terrorismo puede ser considerado un delito en el derecho internacional por la debida represión judicial, se encuentran disponibles cinco opciones diferentes para que el sistema jurisdiccional procese el delito de terrorismo:

- Iniciar procedimientos legales en un tribunal nacional, integrado únicamente por jueces nacionales;

- Establecer un tribunal penal especial para analizar este delito específico;

- Establecer una corte penal internacional, con el mismo propósito;

- Remitir el caso a la Corte Penal Internacional de La Haya;

- Crear un tribunal híbrido, con jueces nacionales e internacionales, para el caso.

De todo lo expuesto en los capítulos anteriores, llegamos a la conclusión de que un tribunal nacional (un tribunal penal del Estado o Nación afectado) puede no juzgar al terrorista adecuadamente, por varias razones: el clamor público para darle al terrorista un castigo severo puede afectar la imparcialidad el juez nacional (Su imparcialidad estaría garantizada si en el acto no se involucrara él mismo, su familia y amigos cercanos, por ejemplo. Pero esto es muy improbable, porque el acto terrorista está dirigido a la población civil en su conjunto). El propio juez puede perder su imparcialidad por el odio que le haya causado el acto terrorista, ya que el terrorista atacó o intentó destruir las instituciones políticas de su país natal.

Del mismo modo, los tribunales penales especiales (o tribunales militares especiales) generalmente carecen de suficiente independencia e imparcialidad, lo que puede conducir a violaciones del derecho a un juicio justo y / o acceso limitado a abogados, testigos y otros medios para demostrar su inocencia.

Ejemplo: Tribunal Especial para Sierra Leona, creado en 2006 para procesar y procesar a Charles Taylor, acusado de 11 delitos de guerra y crímenes de lesa humanidad. Su presencia en Liberia amenazó el frágil proceso de paz y fue trasladado a La Haya para ser juzgado (su imparcialidad estaría garantizada si el acto no lo involucraba a él, a su familia y amigos cercanos, por ejemplo. Pero esto es muy poco probable, porque el acto terrorista tiene como objetivo a la población civil en su conjunto).

Lograr justicia fuera del estado de derecho (*rule of law*) es una venganza y no previene el terrorismo. Al contrario, infla el odio de otras personas contra el gobierno vengativo, creando un círculo vicioso de violencia entre el gobierno y la oposición armada, en el que la población sufre una fuerza centrífuga en el centro.

Un delito según el derecho internacional requiere un juicio y un juicio por un tribunal que utiliza la Jurisdicción Universal, que está garantizada por cualquier tribunal federal (La competencia jurisdiccional para analizar violaciones graves de derechos humanos generalmente se otorga a los tribunales federales porque, en estos casos, el Estado puede no respetar una obligación en virtud del derecho internacional (por ejemplo, de la ICCPR, GA Res. 16 Dec. 1996). Ej: Art. 109, §5º, Constitución brasileña. Ej: U.S. Bill of Rights) de um gobierno. Sin embargo, para garantizar el debido proceso legal (*Due Process of Law*) al procesar delitos que han causado un sentimiento común y amplio de repugnancia e indignación, debemos aprender de las experiencias pasadas y las lecciones del pasado.

6.1. TRIBUNALES PENALES INTERNACIONALES

El Tribunal Penal Internacional para la ex Yugoslavia (*International Criminal Tribunal for the former Yugoslavia* - ICTY) fue creado por la Resolución del Consejo de Seguridad No. 827 del 25 de mayo de 1993, basada en el Capítulo VII de la Carta de la ONU. Tenía competencia para enjuiciar a los responsables de violaciones graves del derecho internacional humanitario cometidas en el territorio de la ex Yugoslavia desde 1991, de conformidad con las disposiciones de su Estatuto (artículo 1 del Estatuto de la Corte Penal Internacional para la ex Yugoslavia).

La jurisdicción del Tribunal Penal Internacional para la ex Yugoslavia se limitaba a violaciones graves de los Convenios de Ginebra. En otras palabras, violaciones a las leyes y costumbres de la guerra, crímenes de genocidio y crímenes de lesa humanidad cometidos en el territorio de la ex Yugoslavia desde el 1 de enero de 1991.

A pesar de su jurisdicción paralela con los tribunales nacionales de cada Estado parte, el Tribunal Penal Internacional para la ex Yugoslavia tiene jurisdicción primaria y puede solicitar que los tribunales nacionales renuncien a su jurisdicción. Según el principio de *non bis in idem* (la persona no puede ser condenada más de una vez por el mismo delito) los casos ya tramitados y juzgados por un tribunal nacional no pueden ser analizados nuevamente por el TPIY. Sin embargo, a modo de derogación, para que nadie escape a la responsabilidad penal, el autor podría ser sometido nuevamente al Tribunal Penal Internacional para la ex Yugoslavia si el *factum delicti* se califica de delito con arreglo a la legislación nacional, si la decisión no fue imparcial o independiente o si el caso en su contra no se hizo correctamente.

El Tribunal Penal Internacional para la ex Yugoslavia pudo condenarlo a prisión, al igual que otros tribunales nacionales de la ex Yugoslavia, pero no pudo condenarlo a muerte. También pudo determinar la restitución de propiedades obtenidas por medios ilegales para sus legítimos dueños. Los jueces fueron elegidos por la Asamblea General de la ONU, siguiendo las propuestas de los estados de los que eran nacionales.

La Corte Penal Internacional para Ruanda (*International Criminal Tribunal for Rwanda* - ICTR) fue creada el 8 de noviembre de 1994 por SC Res 955 utilizando el Capítulo VII de la Carta, el Tribunal Penal Internacional para Rwanda era competente para enjuiciar a los responsables de actos de genocidio, crímenes contra humanidad, violaciones del artículo 3 común a los Convenios de Ginebra y su

Protocolo Adicional II, u otras violaciones graves del derecho internacional humanitario, cometidas en el territorio de Ruanda y en el territorio de los países vecinos, del 1 de enero al 31 de diciembre, según las disposiciones de su Estatuto (Estatuto de la Corte Penal Internacional para Ruanda, Art. 1).

El Tribunal Penal Internacional para Rwanda, al igual que el Tribunal Penal Internacional para la ex Yugoslavia, tenía la misma jurisdicción que los tribunales penales nacionales, tenía jurisdicción primaria y estaba facultado para someter casos a la jurisdicción de los tribunales nacionales. Al igual que en el Tribunal Penal Internacional para la ex Yugoslavia, el principio *non bis in idem* no se aplicó en los mismos casos (enjuiciados como delito común, sentencia injusta o no independiente). Pudo condenar por los mismos delitos que los jueces nacionales (excepto la pena de muerte) y determinar la restitución de bienes a sus propietarios.

6.2. EL TRIBUNAL PENAL INTERNACIONAL (ICC)

Tras los acontecimientos que tuvieron lugar en la ex Yugoslavia y Rwanda, la comunidad internacional se dio cuenta de que era necesario incrementar la represión del crimen internacional a través de instrumentos penales internacionales. Así, dos tribunales internacionales *ad hoc* (para el caso) para la ex Yugoslavia (ICTY) y Ruanda (ICTR) y, recientemente, la Corte Penal Internacional (Creado por el Estatuto de Roma el 17 de julio de 1998. El estatuto de la CPI fue recomendado a la Asamblea General en 1994 por muchas delegaciones, porque sería más apropiado que los tribunales regionales especiales creados por el Consejo de Seguridad. BROWNLIE, Ian. Principles, p. 571). Si bien el Tribunal Penal Internacional para la ex Yugoslavia y el Tribunal Penal Internacional para Rwanda se activaron poco después de su creación, la CPI inició sus actividades el primer día del mes siguiente al depósito de la sexagésima ratificación de su tratado fundacional (Estatuto de Roma). En otras palabras, ha estado activo desde el 1 de julio de 2002.

El artículo 1 del Estatuto de Roma dispone que se crea una Corte Penal Internacional, una institución permanente, que puede ejercer su jurisdicción sobre las personas, en relación con crímenes de alta preocupación en la jurisdicción internacional. Su jurisdicción es complementaria a la función de los jueces penales nacionales.

La competencia de la corte se limita a los crímenes más graves que afectan a la comunidad internacional en su conjunto. De acuerdo con su Estatuto (Art. 1º, § 5º del Estatuto de Roma), la Corte tiene jurisdicción sobre los siguientes crímenes:

- Genocidio (destruir, total o parcialmente, un grupo nacional, étnico, racial o religioso, mediante la muerte de miembros del grupo, o causar lesiones corporales o mentales graves, o infligir condiciones de vida calculadas para provocar su destrucción física en su totalidad o en parte, o imponer medidas para prevenir nacimientos dentro del grupo, o transferir por la fuerza a los niños de un grupo a otro grupo);

- Crímenes de lesa humanidad (ataques integrales o sistemáticos dirigidos contra cualquier población civil, tales como asesinato, exterminio, esclavitud, deportación o traslado forzoso de población, prisión u otra privación grave de la libertad física en violación de normas fundamentales del derecho internacional, tortura, violación, esclavitud sexual, prostitución forzada, embarazo forzado, esterilización forzada o cualquier otra forma de violencia sexual comparable, acoso contra cualquier grupo o colectividad identificable en términos políticos, raciales, nacionales, étnicos, culturales, religiosos, de género u otros. universalmente reconocido como no permitido por el derecho internacional, en conexión con cualquier acto considerado un crimen de lesa humanidad o cualquier crimen dentro de la jurisdicción de la CPI);

- Crímenes de guerra (violaciones graves de los Convenios de Ginebra del 12 de agosto de 1949, contra personas o bienes protegidos por las disposiciones pertinentes de los Convenios de Ginebra, como muerte intencional, tortura o tratos inhumanos, incluidos experimentos biológicos, que causen intencionalmente gran sufrimiento, o lesiones graves al cuerpo o la salud, destrucción extensa y apropiación de bienes, no justificada por necesidad militar y llevada a cabo ilegalmente y sin provocación, obligando a un prisionero de guerra u otra persona protegida a servir intencionalmente en las fuerzas del poder hostil privar a un prisionero de guerra u otra persona protegida del derecho a un juicio justo y regular, deportación forzosa, traslado o confinamiento, toma de rehenes);

- Delito de agresión (planear, preparar, iniciar o financiar una guerra de agresión, o una guerra en contravención de tratados, acuerdos o garantías internacionales, o participar en un plan común o conspiración para dar cumplimiento a lo anterior).

El Estatuto de la Corte fue aprobado en Roma el 17 de junio de 1998. A diferencia de la Corte Internacional de Justicia (ICJ), que examina controversias entre Estados, la Corte Penal Internacional es competente para procesar a las personas acusadas de delitos particularmente graves: genocidio, crímenes contra la humanidad, crímenes de guerra y crímenes de agresión. La ICC ejerce su jurisdicción solo cuando el Estado de la nacionalidad del acusado, o el territorio del Estado en el que ocurrió el crimen, es parte de la Convención, o cuando se da el consentimiento expreso. El Tribunal es complementario de los tribunales nacionales. El Tribunal intervendrá únicamente cuando los tribunales nacionales no puedan o se nieguen a enjuiciar a los responsables (*aut dedere aut judicare*).

La CPI puede iniciar el proceso cuando sea provocada por los Estados partes, el Consejo de Seguridad o *ex officio*, previa autorización de la Sala Preliminar. A diferencia de otros tribunales internacionales y tribunales penales (limitados en tiempo y territorio), la CPI puede ejercer su jurisdicción en el territorio de cualquier Estado parte y, mediante acuerdo especial, en el territorio de cualquier Estado.

Los jueces de la CPI son elegidos por la Asamblea General de la ONU, a partir de una lista creada por el Consejo de Seguridad, después de ser propuestos por el estado del que son nacionales.

El artículo 89 del Estatuto de Roma crea un instituto importante: la Entrega (*Surrender*). La CPI podrá enviar una solicitud de arresto y entrega de una persona, acompañada de los documentos a que se refiere el artículo 91, a cualquier país en cuyo territorio se encuentre esa persona, y requerir la cooperación de ese Estado en la detención y entrega de esa persona. Los Estados partes responderán a las solicitudes de detención y entrega de conformidad con el Capítulo Nueve (Cooperación Internacional y Asistencia Legal) y procederán de acuerdo con las normas nacionales.

Este instrumento legal fue creado para evitar problemas de extradición, y solo la CPI puede utilizar la solicitud de *Surrender* para los delitos de su competencia. El Estado parte puede rechazar la solicitud de *Surrender* únicamente cuando el acusado ya está siendo procesado por el mismo delito o ya ha sido juzgado (condenado o absuelto) en el mismo caso.

6.3. JURISDICCIÓN PENAL INTERNACIONALIZADA

La tercera generación de jurisdicción penal internacional, los tribunales penales internacionalizados o los tribunales penales híbridos son otra opción para enjuiciar delitos de derecho internacional. También se les llama Justicia Penal Internacional de Proximidad.

Esta rama de la Justicia Penal aglutina los mecanismos jurisdiccionales que los jueces nacionales trabajan codo con codo con los jueces internacionales, aplicando la legislación del país donde se cometieron los hechos ilícitos, permitiendo la participación del Estado y su población en el procedimiento que condenará o absolverá a los imputados de crímenes internacionales.

La mayor ventaja de esta metodología es que está cerca de la comunidad que fue testigo de los delitos cometidos. Sin embargo, son jueces *ad hoc*, de competencia universal, designados para velar por la fluidez del procedimiento, especialmente en delitos donde existe una alta presión interna que puede influir en la imparcialidad del juez nacional.

Otra gran ventaja es la fácil y rápida audiencia de los testigos, y la producción de pruebas por ambas partes, porque están cerca de los jueces, y la Corte puede utilizar el sistema judicial nacional para realizar detenciones, intimaciones y citaciones. Además, un juicio correcto, imparcial y justo visto por toda la población puede tener un efecto disuasorio sobre otros terroristas potenciales.

El juicio de los Tribunales Penales Internacionalizados se fundamenta en la competencia interna del Estado, respecto del asunto, la persona o el lugar (*ratione materiae, personae o loci*), pero también se fundamenta en la Competencia Universal. Por tanto, no se atenta contra la soberanía del Estado, evitando el principal problema de aplicar la Competencia Universal por sí sola.

Ejemplo: Tribunales en Camboya, para el caso Khmers Rouges, con tres jueces nacionales y dos jueces internacionales, y la Sala de Apelaciones con cuatro jueces nacionales y tres jueces internacionales.

Ejemplo: Tribunal en el Líbano, para el juicio del asesinato del primer ministro Rafic Hariri, con dos jueces internacionales y un libanés, y Sala de Apelaciones con tres jueces internacionales y dos libaneses.

6.4. JUSTICIA INTERNACIONAL Y MANUTENCIÓN DE LA PAZ

La confluencia entre la labor de los jueces penales internacionales y los Cascos Azules es evidente: son creados por el Consejo de Seguridad, tienen mandatos claros y específicos, derivados del Capítulo VII de la Carta, de duración limitada, y su principal objetivo es restaurar y mantener la paz y seguridad internacionales, el mismo objetivo que las Naciones Unidas (Carta, Artículo 1, §1).

De todas las ramas del derecho internacional, se considera que el DIH es la más teórica y la más difícil de implementar. En un momento en que no existían tribunales penales para procesar a los infractores del DIH, esta rama del derecho era más retórica que práctica. Hoy en día, esto ya no puede aceptarse, especialmente en lo que respecta a delitos que amenazan la paz y la seguridad internacionales, como el terrorismo.

Es probable que no todos los casos de terrorismo puedan llevarse a la Corte Penal Internacional en La Haya, porque muchos de ellos carecen del requisito de crímenes más graves de importancia internacional. En estos casos, una corte penal internacional o internacional es la solución para un proceso terrorista justo, rápido e imparcial.

Además, cuando el país anfitrión no busca, o no puede, proporcionar los medios para que la Corte Penal Internacional o tribunales similares cumplan con sus mandatos (principalmente detención y citación de terroristas, pero también Investigaciones Preliminares e Investigaciones), los Cascos Azules pueden realizar esta tarea, cuando estén debidamente autorizados en sus mandatos por el Consejo de Seguridad.

Con la internacionalización moderna de los conflictos armados, el derecho internacional humanitario se ha vuelto más difícil de respetar, por parte de las fuerzas armadas nacionales (alegando que reduce la eficiencia en el combate) y las facciones rebeldes (debido a la falta de disciplina). Aún así, se considera que el DIH es la rama del derecho que tiene menos medios de implementación, y que está limitada entre Estados (a través de tratados, conciliación, mediación y otros esfuerzos diplomáticos.

El juicio de los grandes criminales de guerra de Nuremberg declaró, sobre la implementación del derecho penal internacional, que el derecho internacional impone deberes y responsabilidades tanto a los individuos como a los Estados, y ambos podrían ser castigados por violaciones del derecho internacional. Los crímenes, sean internacionales o no, son cometidos por personas, no por entidades abstractas, y solo castigando a las personas que han cometido tales crímenes se pueden imponer las disposiciones del derecho internacional.

Todas las entidades internacionales deben respetar la soberanía estatal. Sin embargo, cuando este estado no cumple con sus obligaciones de proteger los derechos humanos (Libia, durante el gobierno de Muammar Gaddafi, y Siria, durante el gobierno de Bashar al-Assad, son dos casos notorios de violaciones de derechos humanos, que exigieron una respuesta de la comunidad internacional) reconocida internacionalmente, el Consejo de Seguridad u otra entidad competente puede demandar a las personas de ese Estado, sin tener en cuenta la Soberanía, en aplicación del principio *Hominum causa omne jus constitutum est* (Toda ley se crea en beneficio de los seres humanos).

Es difícil encajar una rama del derecho consensual y teórico (Derecho Internacional Humanitario) con procedimientos legales prácticos y coercitivos (que se encuentran dentro del Derecho Penal). En este contexto descansa el papel principal de los tribunales penales internacionales, castigando a los violadores del DIH, utilizando definiciones doctrinales y abstractas para tomar decisiones concretas y coercitivas, y así disuadir al terrorismo de que vuelva a ocurrir.

Para ser efectivas, las decisiones de los Tribunales Penales Internacionales deben tener:

- Disuasión, porque solo la aplicación estricta del Derecho Internacional Humanitario puede hacer que las partes en conflicto lo respeten;

- Responsabilidad individual, para evitar la culpa colectiva y el ostracismo por parte de un grupo étnico o nacional y el deseo de venganza, creando las condiciones para la reconciliación nacional;

- Buscar la verdad, para que la historia se escriba con la mayor precisión posible, protegiendo a las personas involucradas del revisionismo, creando las condiciones para una paz duradera.

Los cascos azules pueden funcionar como un brazo ejecutivo de los Tribunales Penales Internacionales, llevando los terroristas a juicio y enjuiciamiento, y también realizando investigaciones, arrestos, citaciones, intimaciones y otras órdenes emitidas por la Corte Penal Internacional u otros organismos criminales internacionales, cuando así se requiera. otorgarles expresamente la facultad de reprimir y prevenir crímenes de derecho internacional, y el deber de trabajar como mano de obra en las cortes o tribunales penales internacionales.

Ejemplo: debido a la inmunidad concedida por Nigeria a Charles Taylor, y la negativa reiterada a remitirlo al Tribunal Especial de Sierra Leona, el mandato de la Misión de las Naciones Unidas en Liberia (UNIMIL) fue modificado por la Resolución SC 1638 (2005), para "aprehender y detener al ex presidente Charles Taylor en caso de que regrese a Liberia y transferirlo o facilitar su traslado a Sierra Leona para su enjuiciamiento ante el Tribunal Especial para Sierra Leona y mantener al gobierno de Liberia, al gobierno de Serraleón y al Consejo plenamente informado". Él fue detenido el 26 de marzo de 2006 (RAM, Sunil. *The History of UN Peacekeeping Operations From Retrenchment to Resurgence*, pg. 169).

Ejemplo: Jean-Pierre Bemba Gombo, exsenador de la República Democrática del Congo, fue detenido cerca de Bruselas por las autoridades belgas, en cumplimiento de una orden emitida por la Corte Penal Internacional. Fue detenido el 24 de mayo de 2008 (BBC News, 24 de mayo de 2008, <news.bbc.co.uk>).

Los ejemplos dados muestran que el principal obstáculo para enjuiciar a los infractores del Derecho Internacional Humanitario es la falta de cooperación entre los Tribunales Penales Internacionales y algunos gobiernos que no cumplen con las órdenes de arresto de los delincuentes en su jurisdicción. Cuando no hay cooperación para detener criminales, una Operación de Paz funcionaría, ya que tiene un componente civil capaz de manejar el tema y un componente militar para brindar los medios de seguridad necesarios.

La exigencia de justicia es fundamental para que la ausencia de conflicto (paz negativa) se convierta en una sociedad reconciliada (paz positiva). Los *peacekeepers* y las CPI pueden trabajar juntos para lograrlo.

7. LA CARTA DE LA ONU, SUS PRINCÍPIOS Y ÓRGANOS

Las Naciones Unidas fueron creadas en 1945, con la firma y ratificación de la Carta de San Francisco. El trasfondo histórico de la creación del sistema de las Naciones Unidas se basa en el resultado de la Segunda Guerra Mundial y los esfuerzos de la Sociedad de Naciones para crear un mecanismo de solución de controversias entre Estados.

La Carta de las Naciones Unidas establece todas las obligaciones y responsabilidades de los Estados miembros, sus principios y órganos fundamentales. El Art. 1 enumera los principales objetivos de la organización, para evitar que las generaciones futuras sufran el flagelo de la guerra:

- Mantener la paz y la seguridad internacionales;

- Desarrollar relaciones amistosas entre Estados;

- Lograr la cooperación internacional para resolver controversias en materia económica, social, intelectual o humanitaria;

- Desarrollar y mejorar el respeto por los derechos humanos y las libertades fundamentales, independientemente de la raza, el género, el idioma o la religión;

- Armonizar los esfuerzos de las naciones hacia objetivos comunes.

Para lograr estos objetivos, la ONU debe seguir los principios establecidos en el Art. 2:

- Igualdad de soberanía de todos sus miembros;

- Buena fe en el cumplimiento de sus obligaciones;

- Métodos pacíficos para resolver disputas;

- Abstenerse de usar o amenazar con usar la fuerza en las relaciones internacionales (es decir, la guerra ya no es una continuación válida de la política internacional por otros medios);

- Apoyar cualquier acción de la ONU de acuerdo con su Carta;

- Abstenerse de ayudar a un Estado contra el cual la ONU ha tomado medidas preventivas o coercitivas;

- Se pide a los Estados no miembros que adopten todas las medidas necesarias para el mantenimiento de la paz y la seguridad internacionales;

- No intervención en materias de la competencia interna de los Estados, salvo las medidas coercitivas del Capítulo VII.

La Carta basa la acción de la ONU en cuatro áreas: paz y seguridad, asuntos económicos y sociales, el sistema de tutela y el cuerpo judicial. Para cumplir con estos objetivos se crearon seis órganos: la Asamblea General, el Consejo de Seguridad, el Consejo Económico y Social, el Consejo de Tutela, la Corte Internacional de Justicia y la Secretaría.

El primer desafío del Sistema de la ONU fue enfrentar el enfrentamiento entre las dos superpotencias (caracterizado por su influencia en las relaciones internacionales y la posesión de una gran capacidad militar, incluidas armas nucleares), los Estados Unidos de América (EE. UU.) Y la Unión de Repúblicas Socialistas Sovieticas (URSS).

Este enfrentamiento fue la Guerra Fría, que se prolongó hasta 1991. Durante este tiempo, las amenazas a la paz y la seguridad internacionales no pudieron tener respuesta del principal órgano responsable, el Consejo de Seguridad. Las dos superpotencias utilizaron el poder de veto para evitar que la CS analizara y adoptara medidas de seguridad colectiva (uso de fuerzas armadas y otros instrumentos coercitivos).

Cuando los métodos conciliatorios para la resolución de conflictos no funcionaban o no estaban disponibles (Capítulo VI) y el sistema de seguridad colectiva para la acción coercitiva en casos de amenaza o alteración de la paz no estaba disponible (Capítulo VII), la solución era crear el alternativa de *Peacekeeping* (mantenimiento de la paz), basada en el "Capítulo VI y medio", que utiliza tanto las normas legales como los poderes.

La historia de las Operaciones de Paz de la ONU, desde su inicio en 1948 hasta la actualidad, ya ha sido expuesta. Ahora es el momento de dar un cuarto paso en la dirección de la paz y la seguridad internacionales, al incluir una capacidad antiterrorista en la misión multidimensional de mantenimiento de la paz, y también agregar responsabilidades a otros órganos y agencias de la ONU relacionados con el tema.

7.1. LA ASSEMBLEA GENERAL (GA)

GA es el organismo deliberativo más grande, compuesto por todos los miembros de la ONU. Puede hacer recomendaciones a los Estados Miembros o al Consejo de Seguridad sobre cualquier asunto relacionado con los objetivos de la Carta, excepto cuando la CS ya esté examinando el caso o ya haya tomado una decisión.

Por lo tanto, GA puede analizar las amenazas o perturbaciones a la paz y la seguridad internacionales, cuando el SC aún no ha sido informado de ellas. También puede tomar una decisión sobre asuntos importantes con los votos favorables de dos tercios de sus miembros.

Una recomendación sobre contraterrorismo se puede discutir en la Primera Comisión de la GA (Desarme y Seguridad Internacional) y la Sexta Comisión (Asuntos Legales).

7.2. EL CONSEJO DE SEGURIDAD (SC)

Es el principal responsable de mantener la paz y la seguridad internacionales. Puede actuar en las facultades del Capítulo VI (negociación, investigación, mediación, conciliación, arbitraje, resolución judicial, recurso a acuerdos u órganos regionales, u otros medios pacíficos).

El SC también puede utilizar los métodos coercitivos previstos en el Capítulo VII, es decir, ordenar a los Estados miembros que hagan lo siguiente:

- Interrupción total o parcial de las relaciones económicas;

- Interrupción de las comunicaciones por ferrocarril, aire, correo, telégrafo o radio;

- Interrupción de las relaciones diplomáticas;

- Embargos (prohibición de venta de armas, petróleo, vehículos y otros artículos).

Si los métodos coercitivos no surten efecto o son inadecuados, puede tomar o autorizar operaciones aéreas, navales o terrestres como:

- Demostraciones de fuerza (movilización de tropas y vehículos en la frontera, realización de ataques aéreos, captura o hundimiento de buques de guerra;

- Bloqueos en rutas, puertos y aeropuertos, excepto ayuda humanitaria a la población;

- Autorizar una Operación de Paz, utilizando tropas militares y policiales de los Estados Miembros (Países Contribuyentes de Tropas – *Troop Contributing Countries*).

Para tener una capacidad antiterrorista en Operaciones de Mantenimiento de la Paz, SC tiene que otorgar un mandato con poderes específicos a las fuerzas de paz: Reglas de Compromiso (ROE) que les permitan actuar en casos de terrorismo y otros crímenes internacionales; autorización para cumplir mandatos de Tribunales Penales Internacionales; y exigir a los países que aportan tropas que envíen a parte de su personal militar con formación especial en antiterrorismo.

7.3. EL CONSEJO ECONÓMICO Y SOCIAL (ECOSOC)

El ECOSOC tiene el papel de hacer recomendaciones sobre el desarrollo, garantía y mejora económica, social, cultural y sanitaria. Puede ser convocado por GA, estados miembros o agencias especializadas.

Dentro de sus múltiples Comisiones, Prevención del Delito y Justicia, Derechos Humanos, Estupefacientes y Drogas se relacionan con temas terroristas, pudiendo realizar estudios sobre medidas para detectarlo y prevenirlo.

7.4. EL CONSEJO DE TUTELA (TC)

El TC tenía a su cargo la administración y fiscalización de los territorios para promover el desarrollo y el avance hacia la independencia. Los territorios vigilados eran territorios bajo mandatos de la Liga de Naciones, ya sea separados de los estados enemigos después del segundo GM, o sometidos voluntariamente.

Hoy no hay más territorios bajo su supervisión, pero la Asamblea General recomendó que el TC analice casos relacionados con la integridad del medio ambiente global, el océano, la atmósfera, el espacio ultraterrestre y también el cambio en el medio ambiente. (UNITED NATIONS, <www.un.org/documents/tc.htm[2]>).

7.5. LA CORTE INTERNACIONAL DE JUSTICIA (CIJ)

La CIJ es el principal órgano judicial de la ONU. Sus funciones principales son resolver las controversias que le presenten los Estados Miembros, de conformidad con el derecho internacional, y emitir opiniones técnicas a la Asamblea General, al Consejo de Seguridad y, cuando lo autorice la Asamblea General, a otros órganos y agencias de la ONU.

En cuanto al terrorismo, puede emitir numerosas opiniones y juicios técnicos, de la legalidad de establecer una Corte Penal Internacional o Internacionalizada, o remitir el caso a la Corte Penal Internacional, o incluso si el acto terrorista en estudio puede ser considerado una amenaza o ruptura de la paz y seguridad internacionales.

7.6. EL SECRETARIADO Y EL SECRETÁRIO-GENERAL (SG)

La labor administrativa de las Naciones Unidas está a cargo de la Secretaría, que está dirigida por el Secretario General. Está dividido en oficinas, departamentos y Representantes Especiales. Su equipo implementa programas y políticas decididas por los otros cinco órganos.

Es el organismo más cercano a una operación de mantenimiento de la paz y sus funciones van desde el diálogo con los países que aportan contingentes hasta el envío de personal militar a una operación de

---

2.   http://www.un.org/documents/tc.htm

mantenimiento de la paz, informando al Consejo de Seguridad de la situación en el terreno que los cascos azules lo están viviendo, con recomendaciones para cambiar el mandato o extender la misión.

El Secretario General tiene la responsabilidad de informar al Consejo de Seguridad de cualquier amenaza potencial a la paz y la seguridad internacionales, así como de otras funciones que le encomiende cualquier organismo de la ONU. Dado que normalmente se le elige en la comunidad diplomática, también se le confía el diálogo entre las partes mediante buenos oficios.

En definitiva, no es necesario un cambio estructural para llevar a cabo tareas específicamente relacionadas con el terrorismo, porque todo el sistema de la ONU fue diseñado para tratar con la paz y la seguridad internacionales, y es un sistema muy flexible, que se ha adaptado para enfrentar nuevos desafíos toda su historia. Todo lo que la ONU necesita es otra revisión de su doctrina, para enfrentar los desafíos del siglo XXI.

8. ESFUERZOS DE LA ONU CONTRA EL TERRORISMO

Tres semanas después de los ataques terroristas al World Trade Center, el Pentágono y el secuestro de otro avión que se estrelló en tierra el 11 de septiembre de 2001, el Consejo de Seguridad de la ONU aprobó la Resolución 1373. Es un documento inusual porque por primera vez se creó una resolución basada en el Capítulo VII para aplicar a todos los Estados miembros de la ONU. Su objetivo es adoptar medidas penales, financieras y administrativas para poner fin al apoyo a las personas y entidades involucradas en el terrorismo.

La resolución 1373 (2001), de 28 de septiembre de 2001, exige a los Estados evitar y prevenir el apoyo financiero a actos terroristas mediante procedimientos legales y financieros muy estrictos; dejar de brindar cualquier forma de apoyo a entidades relacionadas con el terrorismo; configurar los actos terroristas como conducta delictiva grave en la legislación nacional, con severas penas; y establecer procedimientos para detectar posibles terroristas antes de otorgarles el estatuto de refugiado, cuando estén involucrados en la planificación, participación o comisión de actos terroristas.

El Comité contra el Terrorismo (*Counter Terrorism Committee - CTC*) se estableció con la Resolución 1373 (2001) para supervisar la implementación de estas medidas, así como para aumentar la capacidad de los gobiernos para combatir el terrorismo. Todos los miembros del Consejo de Seguridad forman parte del CTC. La resolución 1373 requiere que todos los estados informen a la CTC de la adopción de tales medidas, demostrando que se han creado procedimientos para cumplir con la resolución, todo dentro de los 90 días.

No hay ninguna referencia en la Resolución 1373 sobre el respeto del derecho internacional de los derechos humanos, humanitario y de refugiados. La situación terminó con la Resolución del Consejo de Seguridad 1456, de 20 de enero de 2003, que obliga a los Estados Miembros a garantizar que los procedimientos de lucha contra el terrorismo se lleven a cabo de conformidad con todas las disposiciones relacionadas con el derecho internacional. También requiere que se tomen medidas para cumplir con el derecho internacional, especialmente el derecho internacional de derechos humanos, refugiados y humanitario. La resolución 1456 fue un hito importante y un paso adelante para garantizar el respeto de los valores en los derechos humanos internacionales.

La Dirección Ejecutiva de Contraterrorismo (*Counterterrorism Executive Directorate* - CTED) fue creada en marzo de 2004 para garantizar la asistencia institucional para la participación en la lucha contra el terrorismo. La CTED cuenta con un equipo de expertos para brindar opiniones técnicas a la CTC sobre aspectos técnicos de los informes gubernamentales.

Los informes a la CTC deben informar primero sobre el progreso en el posicionamiento de la legislación para aplicar todas las medidas de la Resolución 1373, y los pasos tomados para convertirse en parte de los convenios y protocolos internacionales relacionados con el terrorismo; además, informan sobre la implementación de medidas administrativas efectivas para prevenir y reprimir el financiamiento de grupos terroristas.

Una etapa posterior en los informes debe traer estructuras ejecutivas (policía, inteligencia, y también aduanas, control de inmigración y fronteras; no permitir el acceso a material de guerra) para evitar nuevos reclutas para grupos terroristas, sus reuniones, lugares seguros u otras medidas de apoyo para grupos o miembros terroristas.

La metodología de trabajo de CTC y CTED comprende:

- Visitas a países para evaluar la naturaleza y asistencia brindada para el cumplimiento de la Resolución SC 1737, y para monitorear su progreso;

- Programas de asistencia técnica, financiera, regulatoria y legislativa para conectar países;

- Completar informes para los países sobre circunstancias antiterroristas y convertirse también en un canal de diálogo para el Comité;

- Mejores prácticas, códigos y estándares, para que los gobiernos puedan aplicarlos de acuerdo con sus necesidades y obligaciones;

- Reuniones con organismos internacionales y regionales, para lograr la unidad de esfuerzos y utilizar los recursos de la mejor manera posible.

El terrorismo es una amenaza real en innumerables países del mundo. Sin embargo, sus métodos de contraposición deben respetar los valores fundamentales del sistema jurídico internacional. Se deben utilizar todos los instrumentos y directrices disponibles para los países para prevenir la propagación del terror.

En resumen, la lucha contra el terrorismo no debe causar terror a la población afectada o el terror continuará con otros perpetradores. Por lo tanto, para evitarlo, se debe obedecer el derecho internacional y se debe observar el derecho humanitario sin excepción.

Algunos países argumentan que es necesario implementar poderes especiales para responder a la amenaza excepcional y sin precedentes del terrorismo. Estos poderes especiales pueden incluir:

- Definiciones amplias y subjetivas de terrorismo que son similares a los delitos políticos;

- Poder para arrestar y detener a personas sin una orden judicial;

- Entrar a hogares sin una orden judicial o estado flagrante;

- Romper la confidencialidad de las comunicaciones y la correspondencia sin una orden judicial;

- Mantener los detenidos *incomunicado* incluso en relación con sus familiares y abogado;

- Mantener la detención temporal por tiempo indefinido;

- Llevar a los terroristas a tribunales militares o *ad hoc*;

- Utilizar métodos de investigación que puedan parecer una tortura;

- Utilizar la inteligencia obtenida ilegalmente en una investigación.

A nivel estratégico, el esfuerzo mundial contra el terrorismo del Consejo de Seguridad y otros actores internacionales interesados está bien planificado, bien orientado y es eficaz. Hoy en día es muy difícil para un país u organización apoyar a terroristas, financiar grupos ilegales, organizar campos de entrenamiento para reclutas, porque los Estados Partes y / o la comunidad internacional te penalizarán con embargos y restricciones en materia diplomática y económica.

A nivel táctico, sin embargo, los poderes especiales otorgados para prevenir el terrorismo, que a menudo no van acompañados de responsabilidad en los campos administrativo y penal por la mala conducta de los funcionarios gubernamentales, han causado gran temor en la población. Temer a la población, especialmente cuando provoca el ostracismo y el aislamiento de las minorías, es contraproducente y va en contra de todos los esfuerzos por combatir el terrorismo. No es eficaz luchar contra el miedo con más miedo.

9. EL PAPEL DE LA INTELIGENCIA EN EL CONTRATERRORISMO

La inteligencia se puede definir como una operación para recopilar información de un enemigo, en el contexto de un conflicto armado. La recopilación de inteligencia es indispensable para prevenir el terrorismo, ya que se pueden identificar, comprender y analizar las amenazas terroristas antes de que ocurran, y crear una base material para las investigaciones y enjuiciamientos penales, y también construir estrategias preventivas. Esta es una función fundamental en un país democrático, ya que permite juicios justos, y se conoce desde hace siglos.

Sin embargo, ahora los poderes y procedimientos disponibles de las agencias de inteligencia, con el intercambio de información internacional y una cooperación sin precedentes para buscar terroristas y llevar a cabo sus actividades, han llevado a una multiplicidad de procedimientos administrativos y legales que priorizan la seguridad colectiva sobre las libertades individuales.

Es responsabilidad del Estado proteger a sus ciudadanos de cualquier ataque colectivo y es bien sabido que la reunión de inteligencia es el único instrumento disponible para prevenir amenazas a la población. Además, los actores terroristas que tienen partidarios en otros países se pueden combatir mucho mejor si todos los gobiernos afectados y sus agencias trabajan juntos.

Tampoco hay duda de que la reunión de inteligencia debe ser confidencial, no estar abierta al escrutinio público, con el fin de proteger sus operaciones, agentes de inteligencia y, lo más importante, las personas investigadas. Los nuevos dispositivos electrónicos y la cooperación internacional han llevado la inteligencia al centro de cualquier esfuerzo antiterrorista, pero esto no puede significar una ausencia de responsabilidad para quienes abusan de sus poderes de investigación.

La separación de poderes, caracterizada por el sistema de *checks and balances* entre el Ejecutivo, el Legislativo y el Judicial, más que nunca debe ser respetada. La inteligencia no puede hacer que el poder ejecutivo sea más pesado e importante que otros.

Asimismo, el estado de derecho (*Rule of Law, État de droit*) y el debido proceso, incluidas las libertades individuales (comunicación, asociación, opinión y otras) y garantías judiciales (oposición a la acusación, presunción de inocencia, producción adecuada de pruebas, la no aceptación de pruebas producidas ilegalmente) son necesarias para proteger a las personas inocentes de inteligencia malinterpretada y juicios injustos.

La rendición de cuentas es necesaria para contrarrestar los poderes otorgados a los agentes de inteligencia que abusan de su autoridad ejecutiva. Sin duda, si la actividad requiere secreto, también lo requiere el trámite judicial. La confidencialidad del proceso es necesaria para proteger a los agentes, a sus familias y también a la víctima de una investigación ilegal o abusiva. La indemnización para la víctima es necesaria, pero el hecho de que la persona comprenda las consecuencias de abusar de sus poderes y la certeza de que será castigada le impedirá una mala conducta.

La recopilación de inteligencia es siempre una amenaza potencial para la intimidad individual. Las operaciones de inteligencia deben ser encubiertas, al igual que sus fuentes. Sin embargo, se debe garantizar la transparencia del estado de derecho, sin mostrar métodos operativos, sino quién es el que toma las decisiones en caso de abuso, cómo se tomó la decisión y qué medidas se tomaron para prevenir o sancionar la corrupción y mal uso de la información o ilegalidad.

El aumento de poderes ejecutivos por parte del Ejecutivo también es un campo potencial de faltas. Todas las agencias de inteligencia tienen un informe diario para sus superiores, pero no hay supervisión por parte de los órganos judiciales. Además, la vigilancia estrecha y las medidas de ejecución legal, como el arresto, la detención y el interrogatorio, requieren una orden judicial para estar en el debido proceso.

Cuando los agentes favorecen la inteligencia, es probable que aprovechen la oportunidad para detener a un sospechoso, interceptar sus comunicaciones (correo, correo electrónico o teléfono) o irrumpir en su hogar fuera del estado de derecho (sin un delito flagrante ni una orden judicial). Esto solo sucederá si no hay responsabilidad o expectativa de castigo.

La cooperación internacional entre agencias internacionales ha traído un nuevo peligro para el estado de derecho y el sistema judicial: el intercambio de pruebas sin saber cómo se produjeron. Dado que se fomenta el intercambio de información, se puede realizar una investigación con pruebas producidas en otros países.

Ejemplo: el sistema legal del país A permite que el correo sea interceptado sin una orden judicial. Por tanto, las pruebas eran legales según la legislación nacional, aunque podían dar lugar a un juicio injusto. Esta evidencia se puede utilizar para solicitar la extradición al país B, que prohíbe ese procedimiento ilegal. Si se concede la extradición, el país B habrá utilizado pruebas ilegales, desfigurando el debido proceso garantizado en el país B.

En algunos casos, la extradición se lleva a cabo incluso cuando la persona puede ser sometida a un trato inadecuado por su raza, religión, nacionalidad, opinión política o por pertenecer a un determinado grupo. Esta condición impide que la persona sea extraditada, de acuerdo con el Principio de *Non Refoulement*.

En algunos procedimientos, cuando no hay pruebas suficientes para un caso judicial, la extradición puede reemplazarse por la entrega. Se requiere la rendición para reunir información de inteligencia, y el sospechoso es enviado a un país extranjero para ser interrogado, sin informar a su familia. Sin embargo, sin un procedimiento legal, la entrega es una desaparición forzada, un crimen según el derecho internacional.

El Programa de Vigilancia Terrorista (*Terrorist Surveillance Program - TSP*), llevado a cabo por la Agencia de Seguridad Nacional (*National Security Agency - NSA*) en los Estados Unidos, operando después del 11 de septiembre de 2001 pero conocido sólo desde 2005, ha permitido la vigilancia electrónica de proximidad de miembros potenciales de Al Qaida, o grupos relacionados, sin una orden judicial cuando una de las personas involucradas estaba fuera de los Estados Unidos. El TSP estaba en conflicto con la antigua Ley de Monitoreo de Inteligencia Extranjera, y la nueva regulación se confirmó más tarde. Todo el seguimiento de las comunicaciones fuera de los EE. UU. no requirió autorización judicial o escrutinio, incluso si estuvo involucrada una persona de los EE. UU. (REPORT OF THE INTERNATIONAL COMMISSION OF JURISTS, 2008, pg. 83).

Los poderes de investigación y detención sin orden judicial deben ser excepcionales, temporales y requerir una sospecha suficiente basada en información previa y datos recopilados. De ninguna manera pueden ser utilizados en las investigaciones diarias, incluso cuando se afecta la integridad de la Nación. La cooperación internacional contra el terrorismo incluye, además del intercambio de inteligencia, medidas policiales y de inmigración.

Entre los temas que surgen de la reunión de inteligencia, con respecto a la legalidad del interrogatorio, se encuentran:

- No identificación de los interrogadores;

- La ausencia de un abogado durante el interrogatorio del sospechoso;

- El derecho a intervenir, a través de un abogado, en cuestiones oscuras y ambiguas;

- El derecho a informar a la familia de su detención;

- El derecho a no responder a cualquier pregunta que no quiera responder;

- El derecho a negarse a responder una pregunta sin ninguna presunción en su contra;

- El derecho a elegir un abogado de su elección (lo elige el interrogador);
- Comunicación confidencial con el abogado;
- Detención sin límite de tiempo, o renovada repetidamente;
- Detención por poderes ejecutivos, sin confirmación judicial;
- Falta de acceso a recursos legales, como el *habeas corpus*, para discutir la detención en un tribunal;
- Incapacidad para exigir a los agentes que testifiquen en la corte.

Las violaciones ocurren no solo cuando se reúne inteligencia, sino principalmente cuando no existen criterios o regulaciones específicos sobre el acceso y uso de dicha información. Un sistema para recopilar información sin especificaciones y descripciones claras puede referirse a un nacional como una amenaza terrorista y compartir esta información. Cuando el ciudadano viaja al extranjero o hace negocios en el extranjero, se lo juzgará indebidamente como una amenaza potencial y sufrirá retrasos en la inmigración, transferencias bancarias e incluso en la entrega de correo.

Los aspectos legales de la realización de una investigación sobre actividades terroristas y el trato a los detenidos se discutirán en el próximo capítulo.

El conocimiento privado sobre una persona suele ser un tema delicado y puede utilizarse para fines distintos de una investigación penal, o enviarse a otros países oa agentes sin responsabilidad nacional en su sistema judicial nacional.

La primera regla legal en los servicios de inteligencia, con respecto al secreto y la confidencialidad, es que cuando una persona accede a alguna información sensible, se vuelve responsable de mantener esta inteligencia en secreto o confidencial del público o los medios de comunicación. En otras palabras, es responsable en su sistema judicial en el ámbito administrativo y penal.

En conclusión, la rendición de cuentas adecuada es la única forma de prevenir el abuso de los servicios de recopilación de inteligencia, y es responsabilidad tanto del país emisor como del receptor, independientemente de su sistema legal nacional.

10. IHL: ¿EL PROBLEMA O LA SOLUCIÓN?

Con el poder de detención (explicado anteriormente) viene el derecho a interrogar al sospechoso, que también forma parte de cualquier investigación. Sin embargo, en algunos casos las personas sospechosas de actividades terroristas son mantenidas fuera del estado de derecho, en secreto o en régimen de *incomunicado* y sin acceso a un abogado, sus familiares o recursos judiciales como el *habeas corpus*, entre otras preocupaciones ya planteadas.

También se habla de diferentes métodos de interrogatorio que pueden interpretarse como tortura, entre otros que son claramente ilegales en el derecho internacional de los derechos humanos.

Ambos se realizan con el propósito de recabar inteligencia en situaciones delicadas, cuando cualquier conexión entre el detenido y el exterior puede arruinar la investigación y traer una amenaza al país, cuando el sospechoso es realmente un terrorista y puede ordenar un atentado con bomba o un asesinato.

Toda esta discusión se da por el uso del sistema legal de derechos humanos, que no es la herramienta más apropiada cuando el gobierno se enfrenta a enemigos en un Conflicto Armado No Internacional, Asimétrico y de Baja Intensidad, donde las partes son el Gobierno y el grupo terrorista.

En esta situación, el marco legal correcto es el Derecho Internacional Humanitario. Por lo tanto, cualquier miembro de un partido (Gobierno o grupo terrorista), puede ser considerado Combatiente, y se le garantiza la condición de Prisionero de Guerra hasta que exista base suficiente para afirmar que cometió un delito de Derecho Internacional (terrorismo u otro delito contra la humanidad). De esta manera, se pueden iniciar procedimientos legales en un tribunal competente para tratar tales delitos.

Solo entonces su condición cambiará de Prisionero de Guerra a Criminal de Guerra, porque hay evidencia suficiente de que cometió un crimen (usar métodos ilegales de combate, provocar un terror generalizado ante la población, y el proceso en su contra puede comenzar.

En caso de duda sobre la condición del detenido, debe ser considerado Prisionero de Guerra, pues todo aquel que se encuentre en combate debe tener esta garantía, hasta que se aclare debidamente.

Cuando existe evidencia suficiente de que se ha utilizado o se planeó utilizar el terrorismo, y es evidente que el terrorismo es un método de combate ilícito, existen datos suficientes para afirmar que existe Conflicto Armado, y el detenido involucrado en terrorismo es un combatiente potencial y un prisionero de guerra potencial si es detenido.

Un prisionero de guerra se define como cualquier combatiente que cae en manos del enemigo, ya sea una Fuerza Armada regular, una Guerrilla, un grupo insurreccional o un terrorista. Para ser un Combatiente, una persona debe tener los siguientes requisitos (ya explicados en el Capítulo Cinco):

- Tener un comandante responsable de sus subordinados (cadena de mando);

- Tener un signo distintivo reconocible a distancia (uniformes, uniformes);

- Llevar armas ostensiblemente;

- Respetar, en sus operaciones, las leyes y costumbres de la guerra.

Siempre que un terrorista potencial sea considerado combatiente, los procedimientos de vigilancia, la interceptación de comunicaciones, el arresto individual y la detención para interrogatorio, todo sin una orden judicial, son métodos ejecutivos legales para recopilar inteligencia del enemigo, y dentro del ámbito legal del derecho internacional humanitario y el Ley de Conflictos Armados.

Cuando se detiene a una persona sospechosa de terrorismo, se le debe garantizar la condición de Prisionero de Guerra (POW), por ser Combatiente legítimo hasta que se demuestre que ha cometido delitos de derecho internacional.

Como Prisionero de Guerra, recibirá el tratamiento adecuado en los siguientes términos:

- Será detenido hasta el final de las hostilidades contra ese grupo, porque no puede ser liberado y reincorporarse a la Parte Adversa;

- No tiene acceso a instrumentos legales como el Habeas Corpus, ni a abogados, pero no se considera que haya cometido ningún delito según la legislación nacional;

- No puede comunicarse con nadie más que el representante del Movimiento de la Cruz Roja y de la Media Luna Roja, para no dar información sensible a la Parte Adversa (el grupo terrorista o personas afiliadas);

- Será tratado con humanidad, y de ninguna manera estará obligado a contestar preguntas durante su interrogatorio; y

- En ningún caso será torturado, y las confesiones realizadas bajo tortura serán consideradas nulas y sin valor, con indemnización integral para el individuo.

Sin embargo, cuando exista base suficiente para la acusación de participación o actuación en un acto terrorista, su condición cambiará de Prisionero de Guerra a Criminal (por terrorismo o crímenes de lesa humanidad) en Derecho Internacional, por no cumplir con los requisitos para ser un Prisionero de guerra: no respetó las leyes y costumbres de la guerra cuando utilizó métodos ilegales de lucha para causar un terror generalizado en la población civil.

Aún así, no se distinguió de la población civil, por no llevar uniforme ni distintivos, lo que constituye una violación al Principio de Discriminación; tampoco portaba armas ostensiblemente. Estos son claros ejemplos de Perfidia, una violación del DIH.

Por tanto, el presunto delincuente será juzgado por un tribunal internacional (o internacionalizado) por los delitos que ha cometido. Si no hay suficiente evidencia para el proceso, será liberado.

Sin embargo, en cualquier caso será tratado con humanidad, i. e., no ser torturado ni sufrir tratos crueles, inhumanos o degradantes. Si es considerado un criminal nacional, será enviado a un tribunal nacional para su enjuiciamiento. De ninguna manera es aceptable un trato inhumano.

El caso de la muerte de Osama bin Laden es un claro ejemplo de cómo el marco legal correcto puede influir en la legitimidad de la operación. Usó a una de sus esposas como escudo humano para resistir el arresto (Según la versión no oficial de la escena. ABC News 02 de mayo de 2011, <www.abcnews.go.com>). Al final se logró el Objetivo Militar, pero hubo daños colaterales, la muerte del escudo humano.

Si se intenta analizar el caso en el marco de los Derechos Humanos, la operación fue completamente ilegal, porque en Derechos Humanos no hay daños colaterales. Debería haberse utilizado la negociación u otros métodos no letales y rodear todo el edificio hasta que se rinda, o exista la oportunidad de neutralizarlo sin riesgo para el rehén, o el rehén corre un peligro real e inmediato. Pero este no es un punto de vista razonable.

Sin embargo, si el observador estudia el caso siguiendo el orden del Derecho Internacional Humanitario, bin Laden fue considerado un Combatiente, por lo tanto un Objetivo Militar, y su neutralización fue considerada una Necesidad Militar. No hubo tiempo para un asedio o una negociación porque era una situación que requería una respuesta inmediata. La muerte del escudo humano, aunque lamentable, fue un daño colateral proporcional a los objetivos alcanzados.

Bin Laden podría ser arrestado y juzgado en una Corte Internacional por crímenes de derecho internacional (aunque los tribunales internacionales tienen responsabilidad subsidiaria (ver Capítulo 6), el juicio de Osama bin Laden sería bastante complicado en los tribunales nacionales, ya que muchos países (EE.UU., Inglaterra y Francia, entre otros) afirmarían tener jurisdicción sobre los delitos cometidos por bin Laden o Al Qaeda en sus territorios (competencia *ratione loci*), y contra sus ciudadanos (competencia *ratione personae*)), es decir, terrorismo y / o crímenes de lesa humanidad. Pero la respuesta estadounidense al terrorismo en casos anteriores, con denuncias de tortura y tratos inhumanos, puede haberlo llevado a tomar la decisión de resistirse al arresto.

El caso bin Laden era válido y justificable bajo la ley de DIH, pero está lejos de ser la solución ideal a largo plazo para el terrorismo internacional, que debe buscarse si un país desea combatir las causas profundas del terrorismo y evitar que los grupos terroristas recluten nuevos miembros y desmoralizar a sus líderes.

Una respuesta puramente militar al terrorismo puede proporcionar una solución a corto plazo, pero crea problemas a largo plazo, y la amenaza puede permanecer inactiva, esperando una oportunidad para crecer nuevamente. Sin embargo, el Estado no puede utilizar métodos ilegales de combate para combatir a los combatientes, aun cuando utilicen Perfidia u otros instrumentos prohibidos en su contra.

Una respuesta integral al terrorismo debe incluir:

- La recopilación de inteligencia (La operación de recopilación de inteligencia (del enemigo) es diferente a la recopilación de pruebas en las indagatorias de investigación criminal (contra el ciudadano). En el DIH, no hay necesidad de una orden judicial para recopilar inteligencia del enemigo, porque está dentro de el poder ejecutivo de cualquier operación militar) con métodos legales (en el derecho internacional humanitario, el orden legal apropiado y aplicable), para que puedan ser utilizados en los tribunales para un juicio justo;

- Una Corte Penal Internacional o Internacionalizada, competente para enjuiciar y perseguir delitos de derecho internacional, como el terrorismo;

- Un órgano ejecutivo capaz de ejecutar sus órdenes judiciales, incluido el arresto, la detención, las citaciones y las notificaciones, que puede ser una operación de mantenimiento de la paz. Ejemplo: las funciones y autoridades asignadas a la Administración de Transición de las Naciones Unidas en Timor Occidental (Organización de las Naciones Unidas Administración en Timor Oriental - UNTAET) y la Misión de las Naciones Unidas en Kosovo (Misión de las Naciones Unidas en Kosovo – UNMIK).

- Respeto a la dignidad humana, en todos los casos y en todo momento.

No hay necesidad de leyes y regulaciones específicas para combatir el terrorismo. Los Convenios de Ginebra, especialmente el artículo 3 común, no debilitan el esfuerzo antiterrorista. Estos convenios se crearon poco después de la Segunda Guerra Mundial. Tenían conocimiento de las necesidades militares y de protección humanitaria, y de los abusos que podrían ocurrir cuando no se respetan estas normas.

El derecho humanitario y los derechos humanos no se crearon en tiempos de paz y estabilidad política. Por el contrario, su *raison d'être* era crear un marco legal para responder de manera efectiva a las crisis más graves. Los derechos humanos no son superfluos y no pueden ignorarse en tiempos difíciles, incluso cuando algunos de ellos pueden suspenderse en una emergencia. Más bien, es la base para una respuesta eficaz a las amenazas contra la paz y la seguridad internacionales.

La transición a la paz en países devastados por conflictos armados caracterizados por el uso del terrorismo y otros métodos ilegales de combate debe realizarse con pleno respeto a los derechos humanos, tales como:

- Un *ombusdman* independiente u otro canal de denuncias, con fuerza jurídica suficiente para examinar las denuncias de civiles contra oficiales de policía o militares;

- Supervisar a las fuerzas policiales y militares en los requisitos de reclutamiento hasta las actividades burocráticas diarias, y asegurar la participación de toda la población en el reclutamiento;

- Normativa disciplinaria, formación en Derechos Humanos y códigos de conducta;

- Grabar los interrogatorios e indagatorias, permitiendo la presencia de un abogado cuando la persona es acusada de delitos, según el derecho nacional o internacional;

- Promulgar leyes nacionales de conformidad con el derecho internacional de los derechos humanos;

- Leyes nacionales que promueven la igualdad y la acción afirmativa para las minorías;

- Sistemas judiciales y procesales rápidos, justos y accesibles;

- Creación de agencias ejecutivas para promover la igualdad y los derechos humanos;

- Respetar la igualdad y los derechos humanos en todas las políticas gubernamentales, desde el desarrollo económico hasta la participación de los jóvenes en debates sobre propuestas de ley controvertidas.

En conclusión, afirmamos que el DIH es el valor esencial para el mantenimiento de la paz y la seguridad internacionales, y para combatir el terrorismo y otras amenazas a la estabilidad de un país (los derechos humanos tienen más probabilidades de ser respetados en los estados donde el estado de derecho prevalece, porque hay una paz sostenible. Sin embargo, si un Estado es tan débil que no puede mantener el estado de derecho en beneficio de sus ciudadanos y la paz se ve amenazada, el DIH es el conjunto de normas que guiarán la conducta. de todas las operaciones contra los vándalos del proceso de paz).

11. SOBERANIA ESTATAL: ¿UN ESCUDO O UN BLANCO?

La cooperación internacional entre las agencias de inteligencia y los esfuerzos del Gobierno, establecida en capítulos anteriores, no siempre es fluida. El gobierno paquistaní, por ejemplo, desaprobó enérgicamente la operación lanzada en Pakistán, sin su conocimiento o consentimiento, por las Fuerzas Especiales de Estados Unidos en mayo de 2011, que resultó en la muerte de Osama Bin Laden (ABC News, 02 de mayo de 2011, <www.abcnews.go.com[3]>).

Islamabad declaró que la Operación Gerónimo realizada en mayo de 2011 en un edificio amurallado para matar o capturar al hombre buscado durante una década por actos terroristas y apoyo a grupos terroristas, es una clara violación de su territorio y soberanía. También hubo denuncias por ataques con vehículos no tripulados (drones) y otras acciones sin previo aviso.

En julio de 2011, el Congreso de Estados Unidos recibió información de que Osama Bin Laden vivió durante mucho tiempo en Abbottabad, cerca de la principal academia militar de Pakistán, y decidió suspender 800 millones de dólares en ayuda militar a Pakistán. Las tensiones también aumentaron después de que el almirante Mike Mullen declarara que las fuerzas de seguridad paquistaníes mataron al periodista Syed Saleem Shahzad después de que publicara que el ejército pakistaní estaba reclutando personas extremistas (RESENHA, 10 de julio de 2011, <www.exercito .gov.br>).

Las relaciones entre países, según lo estipulado en la Carta de la ONU, Artículo 2, se basan en el Principio de Igualdad de Soberanía de los Estados, con el objetivo de mantener la paz y la seguridad internacionales, desarrollar relaciones amistosas entre países, cooperar a nivel internacional para resolver problemas de orden económico, social, intelectual o humanitaria, y armonizar los esfuerzos de las naciones hacia objetivos comunes.

3.	http://www.abcnews.go.com/

Sin embargo, ciertos actores en el combate contemporáneo no están sujetos a los Principios de la ONU, como por ejemplo en los Conflictos Asimétricos, donde una o más partes no son reconocidas como personas jurídicas internacionales (rebeldes, milicias, revolucionarios, soldados disidentes, guerrilleros, luchadores por la liberación), donde no hay un frente claro, con territorios que están totalmente controlados por una de las partes, y los combatientes se involucran en un conflicto sin observar, ni siquiera conocer, el Derecho Internacional Humanitario o el Derecho de los Conflictos Armados.

En el Conflicto Asimétrico, las partes no son las mismas en estructura, fuerza, logística, métodos y tecnología. En los conflictos armados no internacionales, la desproporcionalidad se debe a los recursos militares disponibles solo para los Estados, principalmente el apoyo financiero de los impuestos pagados por sus ciudadanos.

Hoy, otros actores militares están disponibles en el teatro de operaciones, como caudillos, narcotraficantes, organizaciones criminales y grupos terroristas, o una mezcla de ellos (Ej .: guerrilleros que también se han convertido en narcotraficantes para mantener sus operaciones, y organizaciones criminales que puede usar el terror para llamar la atención de los medios). Todos estos grupos tienen ventajas económicas cuando operan en un estado inestable, porque gastan menos dinero en sobornos, seguridad y fraude.

Dado que no existe un frente, ni personas jurídicas internacionales en ambos lados, el Conflicto Asimétrico puede llevarse a cabo en más de un país, pudiendo haber terceros oponiéndose a un lado o apoyándolo, generando un Conflicto Armado Internacionalizado, muy fácil de ser encontrado, y muy difícil de probar.

El conflicto asimétrico es principalmente el uso de medios o estrategias de combate para explotar las cualidades del enemigo (Asimetría Positiva) o debilidades (Asimetría Negativa) (GRANGE, David. Guerra Asimétrica: Viejo Método, Nueva Preocupación.

<Pizarra. jfsc.ndu.edu>). Pero la mayor diferencia entre las partes es la velocidad de la batalla.

La parte más fuerte y capaz en un conflicto quiere una victoria rápida, porque mantener una estructura de guerra de alta tecnología es muy costoso y una guerra prolongada puede volverse impopular entre sus ciudadanos. La parte más débil, por el contrario, gana con un combate lento. Al detectar los errores del enemigo y atacar puntos específicos, provocan desmoralización y ganan con menos habilidad combativa.

Los actores no estatales, no por casualidad, suelen optar por realizar sus operaciones en terrenos y condiciones desfavorables (selva, montaña y desierto son los favoritos), con el fin de frenar a las tropas estatales convencionales y encarecer su apoyo. Además, atacan a tropas nuevas e inexpertas, y por sorpresa (mediante emboscadas y sabotajes).

Ya se ha expuesto que el combat de Guerrilla es un método legal de combate en el DIH. Además, si un grupo no tiene, o no quiere utilizar, un canal de diálogo o por cualquier otro medio una participación política en ese país, es razonable que tomen las armas para oponerse al Gobierno.

La conducta ilícita surge de actores no estatales, como los terroristas, tanto con respecto al *jus ad bellum* como al *jus in bello*, en los casos que se ejemplifican a continuación.

Cuando un terrorista da a conocer que tiene razones religiosas, ideológicas o morales para tomar las armas contra un gobierno, implícitamente afirma estar por encima del Derecho Internacional Humanitario. Por lo tanto, cree que no necesita obedecer las reglas del DIH, porque sus objetivos son demasiado importantes para que él se limite, aunque sea por principios humanitarios. El *jus ad bellum* utilizado para luchar es insostenible, pase lo que pase.

Sobre el *jus in bello*, cuando toman las armas en un entorno urbano, entre la población civil, se refugian entre Personas Protegidas en el Derecho de los Conflictos Armados. Esta conducta se considera perfidia y puede considerarse un delito según el derecho internacional. Otros ejemplos de perfidia comúnmente cometidos en los combates actuales son los secuestros y asesinatos de miembros del servicio de salud, ayuda humanitaria y periodistas.

La lucha terrorista es aún más incómoda, porque no solo se camuflan entre la población civil, sino que también atacan objetivos sensibles para la población, provocando un terror generalizado con el fin de disminuir el poder de policía del gobierno, lo que puede hacer los ciudadanos a oponerse al gobierno.

El poder de policía es una parte importante de la soberanía de un Estado, necesario para hacer cumplir la ley y el orden a través de sanciones legales, inducciones, medios físicos y coacción, a fin de garantizar la salud y la seguridad de sus ciudadanos.

En otras palabras, la disminución del poder de policía es un atentado contra la soberanía de una nación, por lo que el ataque terrorista es un golpe a la existencia de una nación y un crimen en el derecho internacional, como se dijo anteriormente.

Cuando un país tiene terroristas (u otros actores no estatales en el derecho internacional) en su territorio, que actúan en contra de las normas del Derecho Internacional Humanitario, y pueden realizar sus operaciones, existen dos posibilidades: el Estado está apoyando al grupo terrorista, o es incapaz de lidiar con eso.

En ambos casos, la comunidad internacional debe intervenir cuando el Estado no puede hacer frente a los terroristas por sí solo, para restaurar y mantener la soberanía de la nación y proteger a la población civil. En estos casos, es poco probable que la diplomacia funcione, porque los grupos no dialogarán y no hay una negociación viable cuando el grupo tiene ventajas económicas y logísticas para mantener un estado frágil como tapadera para sus operaciones.

Cuando la situación alcanza este nivel, una Operación de Paz es una solución disponible para que la comunidad internacional reaccione contra esta amenaza a la paz y la seguridad internacionales, y para restaurar y preservar un ambiente seguro y estable para la población civil.

Es posible que el gobierno paquistaní no apoye activamente a Al Qaeda, pero el grupo terrorista se estaba aprovechando de su soberanía como escudo para llevar a cabo sus operaciones, y los objetivos eran muchas naciones occidentales (Estados Unidos, Francia e Inglaterra, por ejemplo).

La tensión Washington-Islamabad en 2011 podría haberse resuelto mucho más fácilmente si la comunidad internacional y Pakistán consideraran el terrorismo como un crimen en el derecho internacional, y Al Qa'ida como un actor no estatal que actúa fuera del DIH en términos de propósito (*jus ad bellum*) y métodos (*jus in bello*). Desde este punto de vista, la incursión en territorio paquistaní es completamente genuina, y la intención de las tropas estadounidenses no era ocupar o invadir territorio extranjero, sino encontrar y neutralizar a un combatiente, y una persona buscada por delitos de derecho internacional.

Este caso demuestra la necesidad de que una fuerza de mantenimiento de la paz cuente con soldados entrenados específicamente para este tipo de operación, a fin de proporcionar una capacidad antiterrorista disponible para hacer frente a posibles vándalos en el proceso de paz. Si los cascos azules son legítimos, también deben tener el equipo y la capacitación para tratar con personas que no quieren hablar ni negociar.

Concluimos que la soberanía estatal puede no solo ser un escudo para las actividades terroristas, sino también el principal objetivo del terror. Y en ambos casos, una Operación de Mantenimiento de la Paz es una solución a la amenaza terrorista en países frágiles, así como a otras amenazas a la paz y la seguridad.

CONCLUSIÓN

Las principales fuentes del derecho internacional humanitario son las consuetudinarias, pero también existen el Reglamento de La Haya de 1907, sobre las leyes y costumbres de la guerra terrestre, los Convenios de Ginebra de 1949, los dos Protocolos Adicionales de 1977 y muchos otros convenios que restringen o prohíben ciertas armas. Estas regulaciones deben aplicarse a todas las personas involucradas en el combate, sin importar el tipo de combatiente que sea o el cumplimiento de sus reglas.

Adicionalmente, bajo cualquier circunstancia un conflicto armado está regulado por el artículo 3 común a los Cuatro Convenios de Ginebra de 1949. Al respecto, la Corte Internacional de Justicia lo consideró las consideraciones mínimas de humanidad, norma aplicable a los conflictos armados, ya sean internacionales o no.

Como se dijo anteriormente, en todo tipo de conflicto armado, una de las reglas más importantes para la conducción de las hostilidades es que todas las partes se distingan entre ellas, como elementos de guerra, y las personas que no están directamente involucradas en el conflicto, como la población civil, grupos armados que se rindieron o quedaron *hors de combat*, por enfermedad, lesión, detención u otras causas.

Además, todas las personas que no participan o ya no participan en el conflicto deben ser tratadas con humanidad y no deben sufrir actos contra su vida e integridad física, incluidas mutilaciones, torturas y otros tratos crueles. Además, toda persona involucrada en combate, independientemente de su nacionalidad, debe respetar las reglas fundamentales para la conducción de las hostilidades, ya sean fuerzas armadas, milicias, organizaciones criminales o terroristas.

Sin embargo, la asimetría de un conflicto, especialmente en recursos tecnológicos, puede llevar a la parte desfavorecida a no respetar las normas del DIH, para poder perdurar en la acción, es decir, utilizar la única alternativa posible para seguir luchando. Sin embargo, esta opción es ilegal y debe considerarse un delito según el derecho internacional. En términos legales, así surge el terrorismo.

Por tanto, para prevenir el terrorismo, la comunidad internacional debe demostrar que el terrorismo no es una opción legal para ninguna de las partes en un conflicto, y confirmarlo tanto en el plano estratégico como en el táctico, mediante la prevención, pero principalmente castigando a sus autores.

La mejor manera de que el combatiente sobreviva es evitar que el enemigo lo localice e identificar las tropas enemigas en tierra. Esta detección se puede realizar por muchos métodos legales (camuflajes, *ruses de guerre*, contrainteligencia, etc.).

Por otro lado, cuando el combatiente intenta mezclarse entre la población civil, vistiendo ropa de civil durante el ataque, o usando la proximidad de personas o bienes civiles para protegerse, para beneficiarse de la condición de personas protegidas, no solo se enmascaran, pero también exponen a la población civil al peligro de daños colaterales. Esto es Perfidia, y se considera un crimen en el derecho internacional.

Los terroristas van aún más lejos. No solo usan Perfidia para llevar a cabo sus operaciones, cubriéndose como no combatientes, sino que también atacan a personas o propiedades protegidas, con la intención de socavar la soberanía de un estado. Al hacerlo, ponen en peligro al mismo estado que protege a la población civil. Este es un crimen de lesa humanidad, por lo que los violadores del DICA y el DIH deben ser procesados por delitos de carácter internacional.

Hoy la esclavitud y la piratería son consideradas delitos de carácter internacional, pero hace unos siglos los esfuerzos contra estas dos conductas ilegales no se consideraban como tales. Hasta que la comunidad internacional se dio cuenta de que la esclavitud y la piratería debían combatirse en todo el mundo, sus perpetradores todavía tenían lugares seguros para hacer negocios.

Durante el siglo XVIII, se firmaron muchos acuerdos internacionales para reprimir la esclavitud. Algunos de ellos tuvieron éxito y muchos no, debido a la falta de instituciones y procedimientos adecuados para su imposición. El primer documento internacional específicamente relacionado con la esclavitud fue la Declaración de 1815 sobre la Abolición Universal de la Trata de Esclavos, con alcance y aplicabilidad limitados.

Debido a una evolución doctrinal, la esclavitud ahora se considera:

- Un delito de derecho internacional, sin tener en cuenta ninguna cualidad de la persona (raza, sexo, etc.);

- Cuando lo comete un gobierno, es un crimen de lesa humanidad;

- Si lo comete una nación en guerra con los ciudadanos de su oponente, un crimen de guerra.

La piratería es similar a un acto de agresión, pero cometido por actores no estatales contra un barco. No son meros actos de robo y violencia, sino una interferencia con el libre comercio entre naciones y una amenaza para el comercio internacional. Si la comunidad internacional no considera la piratería como un crimen según el derecho internacional, los esfuerzos para luchar contra los piratas serán paliativos.

El terrorismo es la amenaza mundial del siglo XXI, al igual que la esclavitud y la piratería en el pasado. Es necesaria una comprensión adecuada del acto delictivo para establecer un contrapunto adecuado, y es razonable creer que el terrorismo seguirá el mismo camino que las amenazas internacionales anteriores.

En el pasado, las amenazas a la paz y la seguridad internacionales eran manejadas por cada país por separado, de acuerdo con sus capacidades militares y medios financieros. Sin embargo, hoy una Operación de Paz es un instrumento capaz de combatir estas amenazas en países que no cuentan con los recursos suficientes para enfrentarla (países frágiles), porque pueden traer legitimidad y unidad de esfuerzo a todos aquellos que enfrentan los peligros contra la paz.

El terrorismo es una amenaza a la soberanía del Estado y, por tanto, a la existencia de una Nación. Ya sea pequeño o enorme, ya sea que la víctima sea un país fuerte o defectuoso, debe considerarse una amenaza para la paz y la seguridad internacionales, y un crimen en el derecho internacional, para ser abordado adecuadamente tanto a nivel táctico como estratégico.

Sin embargo, la regla en las relaciones internacionales es no intervenir, de conformidad con el Artículo 2, Párrafo 1, de la Carta de las Naciones Unidas. Las intervenciones, especialmente si utilizan el poder militar, son las excepciones. Además, cualquier tipo de intervención, de un grupo de países, y / o de una organización regional (como la ECOWAS) u organización internacional (como la ONU) debe respetar las siguientes reglas, que constituyen la Doctrina de la Responsabilidad de Proteger (*La Responsabilité de Protéger*, 2001, pág.17):

- La situación debe evaluarse desde el punto de vista de quienes requieren o necesitan apoyo, no desde el punto de vista de quienes pueden querer intervenir (requisitos de razón justa y buena intención para desencadenar un compromiso por parte de otros países que trabajan juntos);

- Dado que es responsabilidad de cada Estado proteger a sus ciudadanos (es decir, garantizar el respeto de los derechos humanos y las libertades fundamentales en su territorio), esta tarea será realizada por otros solo si el Estado afectado no puede o no quiere asumir la responsabilidad (solicitud de último recurso);

- La responsabilidad de proteger incluye la reacción, la prevención y la reconstrucción, a fin de prevenir futuras recurrencias, de lo contrario los esfuerzos realizados estarán en riesgo cuando la comunidad de naciones se retire del terreno;

- La "responsabilidad de proteger" no es el "derecho a intervenir" en un país inestable, sino la obligación subsidiaria de la comunidad de naciones de ayudar a una población o minoría en peligro en un país reticente o incapaz de cumplir con sus obligaciones con sus ciudadanos;

- La legitimidad de una intervención y el ejercicio de los poderes coercitivos se logran mediante una decisión colectiva, tomada por la comunidad de naciones, no individualmente;

- Una intervención no puede causar más daño que el peligro que pretende combatir (en otras palabras, eficiencia operativa, recursos proporcionales y perspectivas coherentes);

- La voluntad política de los países movilizados es necesaria para crear una coalición sólida, lograr un empleo militar común y cumplir objetivos comunes.

Cuando un gobierno no protege o no puede proteger a sus ciudadanos, las organizaciones terroristas tendrán suficiente espacio y recursos para realizar sus operaciones, inicialmente en el país, y cuando aumente su presupuesto y recursos humanos, la organización terrorista amenazará a otros países y hará una amenaza para la paz y la seguridad internacionales. Por tanto, la inactividad y la mera neutralidad no son una solución viable.

En conclusión, la lucha contra el terrorismo es el desafío de la comunidad internacional en este siglo. Operaciones de mantenimiento de la paz capaces de combatir el terrorismo, autorizadas por su mandato y sus Reglas de combate, y también autorizadas para actuar como órgano ejecutivo de los Tribunales Penales Internacionales, junto con la doctrina apropiada del terrorismo como delito de derecho internacional, y los servicios de inteligencia para recopilar pruebas de conformidad con el derecho internacional humanitario, son una gran oportunidad para la política antiterrorista a largo plazo.

BIBLIOGRAFIA

ABC News, Disponible en <www.abcnews.go.com>. Aceso el 02 de Maio de 2011.

BALMOND, Louis. *Droit du recours à la force*. Université de Nice, 2010.

BBC News. Disponible en <news.bbc.co.uk>. Aceso el 02 de Maio de 2011.

BOLZ, Frank Jr; DUDONIS, Kenneth J. *Counterterrorism Handbook*. CRC, 2002

BOUCHET-SAULNIER, Françoise. *La Guerre contre le terrorisme et le droit humanitaire*. Université de Nice, 2010.

BOUVIER, Antoine A. *International Humanitarian Law and the Law of Armed Conflict*. Peace Operations Training Institute, 2008.

BROWNLIE, Ian. *Principles of Public International Law*. Oxford Press, 2008.

CONOIR, Yvan. *The Conduct of Humanitarian Relief Operations: Principles of Intervention and Management*. Peace Operations Training Institute, 2008.

FOLHA ONLINE, Disponible en < http://www1.folha.uol.com.br/folha/reuters/> Acesso em 12 de junho 2011.

GASSER, Hans Peter. *Acts of Terror, Terrorism and International Humanitarian Law*, Université de Nice, 2010.

HÅRLEMAN, Christian. *An Introduction to the UN System: Orientation for Serving on a UN Field Mission*. Peace Operations Training Institute, 2008.

INTERNATIONAL HUMANITARIAN LAW, HUMAN RIGHTS AND PEACE OPERATIONS. 31st Round Table. International Institute of Humanitarian Law. Sanremo, 2008

JONES, Bruce. *Looking to the Future: Peace Operations in 2015*, Recueil de Lectures du Séminaire d'approfondissement des Missions de Paix de Nations Unies. UQAM, 2011.

LA RESPONSABILITÉ DE PROTÉGER. *Rapport de la Commission Internationale de l'Intervention et de la Souveraineté des États.* Centre de Recherches pour le Développement International, 2001.

MARIGHELLA, Carlos. *Minimanual do Guerrilheiro Urbano*, New World Liberation Front, 1970, p. 32.

MEDHURST, Paul. *Global Terrorism*. Peace Operations Training Institute, 2008.

MEYROWITZ, Henri. *Le principe de l'egalité des belligérants devant le droit de la guerre.* Université de Nice, 2010.

MILLET-DEVALLE, Anne-Sophie. *Religions et Droit International Humanitaire.* Université de Nice, 2010.

SECONDAT, Charles de (Baron de Montesquieu). *L'esprit des lois.* Université de Nice, 2010.

MOULIER, Isabelle. *La répression des crimes de Droit International.* Université de Nice, 2010.

PICTET, Jean. *Les principes du Droit International Humanitaire.* Université de Nice, 2010.

PROGRAMME HUMANMED. *Guerre Asymétrique et droit international humanitaire, possibilités de développement.* Université de Nice, 2010.

RAM, Sunil. *The History of United Nations Peacekeeping Operations During the Cold War: from 1945 to 1987.* Peace Operations Training Institute, 2008.

RAM, Sunil. *The History of United Nations Peacekeeping Operations Following the Cold War: from 1988 to 1996.* Peace Operations Training Institute, 2008.

RAM, Sunil. *The History of United Nations Peacekeeping Operations From Retrenchment to Resurgence: 1997 to 2006.* Peace Operations Training Institute, 2008.

REPORT OF THE INTERNATIONAL COMMISSION OF JURISTS, *Assessing Damage, Urging Action*. Report of the Eminent

Jurists Panel on Terrorism, Counter-Terrorism and Human Rights. Université de Nice, 2008, pg. 83.

RESENHA ONLINE. Disponible en <www.exercito.gov.br>. Aceso el 10 de julho de 2011.

RONA, Gabor. *Interesting Times for International Humanitarian Law: Challenges from the War on Terror*. Université de Nice, 2010.

ROTH, Kenneth. *The Law of War in the War on Terror*. Université de Nice, 2010.

ROUSSEAU, Jean-Jacques. *Du Contrat Social*. Université de Nice, 2010.

SOBEL, Lester A. *Political Terrorism*, Facts on File, New York, 1978.

UNITED NATIONS. Security Council Resolutions and other UN documents. Disponible en <www.un.org>. Aceso el 10 de junho de 2010.

VEUTHEY, Michel. *Cours de Droit International Humanitaire*. Université de Nice, 2010.

VEUTHEY, Michel. *Perspectives et propositions pour mieux faire respecter le droit international humanitaire*. Université de Nice, 2010.

WILKERSON, Philip R., RINALDO, Richard J. *Principles for the Conduct of Peace Support Operations*. Peace Operations Training Institute, 2008.

###

Este libro representa la opinión del autor y nada más; no representa la opinión de ningún gobierno, organización o tercero.

Asimismo, no contiene información sensible o confidencial. Siempre juego según las reglas.

Gracias por su interés en leer este libro electrónico. Mi más sincero agradecimiento.

Ciertamente mucha gente no estará de acuerdo con él, como es habitual en cualquier discusión en derecho ... Así que me gustaría conocer tu punto de vista.

No dude en enviar sugerencias, comentarios y opiniones a rogeriocietto@uol.com.br, Asunto Combatendo o Bom Combate. Su correo electrónico es muy bienvenido.

Lamento informarle que no me encontrará en Facebook, Twitter, Orkut o cualquier otro tipo de medio.

Alguna información sobre mi:

Formación Academica

1998 - 2002 - Grado en Derecho.

Faculdade de Derecho de Itu, Faditu, Brasil

2004 - 2005 - Postgrado en Derecho Tributário.

Faculdade de Derecho de Itu, Faditu, Brasil

2008 - 2008 - Postgrado en Aplicaciones Complementares a las Ciencias Militares - Derecho.

Escola de Administración del Ejército, EsAEx, Salvador, Brasil

2009 - 2010 - Postgrado (Especialización) en Derecho Internacional Humanitário

Programa HUMANMED - Université de Nice, France
2011 - 2012 – Qualificación Profissional en Operaciones de Paz
Peace Operations Training Institute, United States of America
2016 – 2016 – Curso de Perfeccionamiento Militar en Derecho
Escuela de Perfeccionamiento del Ejército, Brasileiro
2018 – 2019 – Postgrado en Derecho Militar
Centro Universitário Sul de Minas, Brasil
2020 - 2021 – Master Universitario en DDHH, DIH y Derecho
Operacional
Universidad Antonio de Nebrija, España
Organizaciones Militares en que estuvo:
2008 - Escola de Administração do Exército, Salvador, Brasil
2009 – 8ª Região Militar, Floresta Amazônica, Belém, Brasil
2010 – Companhia de Fronteira Amapá, Oiapoque, Brasil
2011 – Departamento de Engenharia e Construção, Brasília, Brasil
2012 – Batalhão Brasileiro no Haiti, Port-au-Prince, Haiti
2013 – Comando de Operações Especiais, Goiânia, Brasil